JN024798

これからの公共政策学

6 政策と情報

佐野亘・山谷清志 監修

岡本哲和 編著

ミネルヴァ書房

刊行のことば

　公共政策（public policy）を対象とする研究は，政策科学（Policy Sciences）に
その起源を持つ。20世紀半ばのアメリカで行動科学やシステム論の影響を受け
て誕生した政策科学は，日本でも1970年代に関心を集め，1980年代から2000年
代にかけて各地の大学が政策系の学部・大学院を設置した。その際，さまざま
な研究分野から政策を「科学的」かつ「学際的（multi-disciplinary）」に考察す
る領域であるため，「政策科学」や「総合政策」の名称を選択することが多
かった。そうした政策科学，総合政策の研究が制度化され，「学」としての可
能性に期待が寄せられた中で，研究は2つの方向に分かれていった。

　1つは長い歴史を持つ，経済政策，金融政策，中小企業政策，教育政策，福祉
政策，農業政策，環境政策，外交政策などの個別分野の政策研究を踏襲した方向
で，経済学部，商学部，教育学部，社会福祉学部，農学部，法学部などの伝統的
な学部の中で成長した。また科学技術政策，政府開発援助（ODA）政策，都市防
災政策，IT政策，観光政策，スポーツ政策など，社会の要請に対応して生まれ
た政策領域の研究もある。さらにグローバルな喫緊課題として，宇宙政策の構築，
自然災害対策，外国人労働者対応，サイバー社会の倫理対策，「働き方改革」の
課題など，公共政策研究者が考えるべき対象は増え続けている。

　2つめの研究方向は，政策過程（policy process）とそれを分析する方法に着
目した研究である。この研究は政策分野を横断して，政策形成，政策決定，政
策実施，政策修正，政策評価，政策終了など，政策の各ステージを見ている。
政治学と行政学が主に取り組んできた分野であるが，公共事業分野ではすでに
1960年代に政策を費用便益，費用対効果の視点で事前分析する取り組みが行わ
れている。また教育分野では教育政策の形成的評価・総括的評価方式が1970年
代より成果を残してきた。さらに，政策の事前分析と予算編成の実務を結合す

i

る試みも見られ，1960年代～1970年代初めにかけて国際的に流行した。PPBS（Planning Programming Budgeting System）と呼ばれた方式である。2003年の経済財政諮問会議の提言を受けて，これとよく似た事前評価方式を日本では再度採用した。21世紀にはいってからは政策過程をたどる方法として「ロジック・モデル」が政策実務で使用され，このロジックを支えるエビデンスを入手するために科学的な手法ばかりでなく，実務の現場に参加して観察する方法，そしてオーラル・ヒストリーの方法も使われるようになった。以上の研究方向の特徴は，政策の背景にある規範や思想，その規範をめぐる政治，市民や行政機関など政策に関与する者の責任，政策過程で使う情報，政策活動の現場の「地域」などを見てアプローチするところにある。

　ところで，公共政策の研究はアカデミズムの中だけにとどまらず，実務でも行われた。例えば行政改革会議，いわゆる「橋本行革」の最終報告（1997年）を受けた中央省庁等改革基本法（1998年）は，中央省庁に政策評価の導入を求め，それが政策評価の法律「行政機関における政策の評価に関する法律（2001年）」に結実し，評価を通じた政策研究志向が中央省庁内部で高まった。他方，政策に直接には関わらない制度の改変だと思われていた「地方分権推進法（1995年）」は，地方自治体が政策研究に覚醒するきっかけになった。多くの知事や市町村長が「地方自治体は中央省庁の政策の下請機関ではない」「地方自治体は政策の面で自立するべきだ」と主張したからであった。この改革派の首長たちが意識したのが地方自治体の政策責任（policy responsibility）であり，またその責任を果たすツールとして政策評価が注目された。そこで地方自治体の公務員研修では，初任者や課長などさまざまな職位を対象とした政策形成講座，政策評価講座が流行した。研修の講師はシンクタンク研究員や大学教員の他に，市民の目線に立つ NPO・NGO のスタッフが担当する機会も増え，政策ワークショップを通じた協働の場面が多く見られた。これはまさに時代の要請であった。

　アカデミズムの側もこうした改革と同じ時代精神を共有し，それが例えば日本公共政策学会の設立につながった（1996年）。日本公共政策学会は，その設立趣旨において，当時の日本社会が直面していた問題関心をとりあげて，グロー

バルな思考，学際性と相互関連性，新たな哲学や価値を模索する「理念の検証」，過去の経験に学ぶ「歴史の検証」を重視すると謳っている。「パブリックのための学」としての公共政策学なのである。

さて，新シリーズ「これからの公共政策学」は，こうした日本公共政策学会の理念，そして前回のシリーズ「BASIC 公共政策学」が目指した基本方針を踏襲している。すなわち高度公共人材の養成，その教育プログラムの質保証への配慮，実践の「現場」への視点，理論知・実践知・経験知からなる政策知に通暁した政策専門家の育成などである。ただし，今回はこれらに加えその後の社会の変化を反映した新しいチャレンジを試みた。それが新シリーズ各巻のタイトルであり，例えば，政策と市民，政策と地域，政策と情報などである。とりわけ政策人材の育成は重要なテーマであり，その背景には改正公職選挙法（2016年6月施行）もあった。選挙年齢が18歳に引き下げられて以来，公共政策教育が高校や大学の初年次教育でも必要になると思われるが，これは新シリーズが意識している重要な課題である。

もっとも，ここに注意すべき点がある。公共政策の研究は1970年代，インターネットやパーソナル・コンピューターが存在しなかったときに始まった。しかし，21世紀の今，政策情報をめぐる環境は劇的に変化した。世界各地の情報が容易に入手できるようになったため，公共政策研究はおおいに発展した。ただその一方でソーシャル・ネットワーキング・サービス（SNS）を通じてフェイク・ニュースが氾濫し，それに踊らされた悪しきポピュリズムが跋扈するようになっている。

公共政策学の研究と教育によって，人びとに政策の負の側面を示して，回避し克服する手がかりを提供したい，それによって高度公共人材を養成したい。これが「これからの公共政策学」シリーズ執筆者全員の願いである。

2020年2月

佐野　亘・山谷清志

はしがき

　本書を貫くテーマは，「政策と情報の関係」である。そもそも，情報と切り離して，政策について考えることはできない。「政策」とは，わかりやすくいえば「社会における問題の解決策およびそのための指針」である。どのような問題を解決の対象として取り上げるのか，その解決策をどのように作り上げていくのか，そして解決策にどのような効果があったのかを評価する際には，様々な情報が必要となる。

　さらに，そのような必要となる情報を，どこからどのように収集するのか，収集した情報をどのような形式でどのように保管するのか，また保管されている情報をだれにどうやって提供するのか，さらには情報を廃棄する場合にはどのような手続きでそれを行うのか，といったことについては一定の基準やルールが必要となる。それなしでは，組織は広範囲にわたる多量の情報をうまく取り扱うことは出来ない。

　現在の政策研究においては，情報はすでに重要なトピックの一つとなっている。*Policy Studies Journal* や *Journal of Policy Analysis and Management*，あるいは *Policy Sciences* や *Public Policy and Administration* といった海外の政策研究系ジャーナルには，情報と政策との関係を何らかの形で扱っている論文が数多く掲載されてきた。また，*Government Information Quarterly* や *Data & Policy* といった，情報に関わる研究により特化した政策系のジャーナルも発刊されるようになってきている。

　日本でも，政策研究者は比較的早い時期から，政策と情報との関係についての関心を示してきた。たとえば，日本公共政策学会の初代会長である政治学者の松下圭一は，国民や住民が政策形成の主体となるためには，情報が重要な手段の一つになると論じた（松下 1991）。また，松下の後を襲い日本公共政策学

会の第2代会長を務めた政治学者の山川雄巳は，政治システム論に対する関心から，情報を政治システム（政府）への「入力」および政府からの「出力」と捉えた上で，システム内部における入力から出力への変換過程を一連の情報処理と見なした考察を行っている（山川 1980）。

　それ以降の世代の研究者からも，政策と情報に関わる優れた研究が生み出されている。それゆえ，編者として，本書の執筆者の人選にもほとんど苦労することはなかった。『入門公共政策学』（中央公論新社，2017）などの著者である秋吉貴雄は，政策過程の各段階において知識や情報が果たす役割に関するすぐれた論考を，数多く発表してきた。政策研究に関する多くの研究書・テキストの編集にも携わってきた松田憲忠は，政策分析における知識＝情報の活用についての先導的な研究者である。これら2名の政治学系研究者とともに，情報に関わる最新の問題および情報技術の動向について，該博な知識を有している経済学者の上田昌史を執筆メンバーに加えることができた。これらの方々が執筆をご快諾くださったおかげで本書は完成した。編者としてあらためてお礼申し上げたい。

　情報に関する知識の重要性については，社会でも認識が高まってきている。文部科学省は2021年7月30日に，2025年度からの大学入学共通テストの出題教科・科目として「情報」を追加することを決定した。2021年度からは，「数理・データサイエンス・AI教育プログラム認定制度（リテラシーレベル）」が実施されている。これは，情報やデータを取り扱う大学や高等専門学校でのすぐれた教育プログラムを，政府が認定するという制度である。その目的は，学生の数理・データサイエンス・AIへの関心を高めること，そしてそれらを理解し活用することのできる基礎的な能力を育成することにある。2021年までに認定された教育プログラムは78件となっている。

　同制度については，「社会で起きている変化とデータとの関係」や「社会で活用されているデータ」を扱った内容がカリキュラムに含まれているかどうかが，認定の要件にもなっている。本書の編集と執筆にあたっても，「政策」の問題を介することによって，社会と情報との関わりについての読者による理解

がいっそう進むように意識した。同時に，社会と情報に関連する科目のテキストとしても使えるよう，工夫を施した。どれだけ成功しているかについては，読者の判断に委ねたい。

　最後に，本書の完成にあたって，ミネルヴァ書房の水野安奈氏には大変お世話になった。あらためて記して感謝したい。

引用・参考文献

松下圭一（1991）『政策型思考と政治』東京大学出版会。
山川雄巳（1980）『政策過程論』蒼林社。

　2022年10月

執筆者を代表して
岡本哲和

政策と情報

目　次

刊行のことば

はしがき

序　章　「政策と情報」について考えるための
　　　　基本的な事柄 ……………………………… 岡本哲和 … 1

　　1　本章の目的と本書の構成 ………………………………… 1

　　2　「情報」とは何か ………………………………………… 3

　　3　「データ」とは何か ……………………………………… 7

　　4　「文書」とは何か ………………………………………… 9

第I部　情報のための政策

第1章　政府と情報との関わり …………………… 岡本哲和 … 15

　　1　情報と「システム」としての政府 …………………… 15

　　2　社会から政府への情報の流れ ………………………… 17

　　3　政府内部での情報の流れ ……………………………… 24

　　4　政府から社会への情報の流れ ………………………… 27

　　コラム①　AI（Artificial Intelligence）と政策　32

第2章　政府による情報資源の管理体制 …………… 岡本哲和 … 41
　　　　――公文書管理制度と統計制度

　　1　公文書管理制度 ………………………………………… 41

　　2　統計制度 ………………………………………………… 54

　　3　日本の統計制度 ………………………………………… 58

　　コラム②　地方政府における公文書管理　51

第3章　政府のデジタル化と政策 ………………………… 岡本哲和 … 69

　1　「政府のデジタル化」とは何か ……………………………………… 69

　2　デジタル化推進のための政府による施策 ……………………… 73

　3　デジタル化推進のための政府の体制 ………………………… 80

　コラム③　地方政府におけるデジタル化　84

第4章　オープンデータと公共政策 ………………… 上田昌史 … 93

　1　「オープンデータ」とは何か ………………………………………… 93

　2　各国のオープンデータに関わる政策と評価 ………………… 100

　3　オープンデータを活用した事例 ……………………………… 105

　コラム④　GNU とは何か　95

第Ⅱ部　政策のための情報

第5章　政策形成プロセスにおけるエビデンスと情報
　　………………………………………………… 秋吉貴雄 … 121

　1　政策形成の構造 ………………………………………………… 121

　2　問題発見におけるエビデンスと情報 ……………………… 124
　　　──問題の感知とフレーミング

　3　問題構造化におけるエビデンスと情報 ………………… 128
　　　──問題要因の探索と関連性の分析

　4　政策案策定におけるエビデンスと情報 ………………… 131
　　　──予測と政策手段選択

　コラム⑤　PBEM の加速？　134

第6章　政策アイディアと情報 ……………………………… 秋吉貴雄 … 137

  1　分析概念としての政策アイディア ………………………………… 137

  2　政策アイディアの生成と情報 …………………………………… 141
     ——アイディアの根源と政策トレンド

  3　政策アイディアの経路と情報——アイディアのキャリアと制度 … 143

  4　政策アイディアの反映と情報——アイディアの共有と制度化 …… 148

  コラム⑥　政策起業家としての研究者　145

第7章　「政策決定に向けた情報」としての
     政策研究 …………………………………… 松田憲忠 … 155

  1　政策決定というミッション ……………………………………… 155

  2　政策決定に向けた情報ニーズ …………………………………… 159

  3　政策決定に向けた知識活用 ……………………………………… 164

  4　政策決定というアート …………………………………………… 169

  コラム⑦　移動教室実施可否の判断　171

第8章　市民参加と情報 ……………………………………… 松田憲忠 … 179

  1　デモクラシーにおける情報と市民 ……………………………… 179

  2　送り手としての市民——現場知と市民 ………………………… 182

  3　受け手としての市民——理論知と市民 ………………………… 186

  4　市民への情報の提供 ……………………………………………… 191

  5　市民からの情報の活用 …………………………………………… 196

  コラム⑧　スポーツ用品の良し悪しを判断するための知識は？　190

索　引　202

序　章
「政策と情報」について考えるための基本的な事柄

1　本章の目的と本書の構成

本章の目的

　本章では，本書のテーマである「情報」について，それに関わる基礎的な概念を説明する。取り上げるのは，「情報」「データ」「文書」の３つである。いずれも，政策と情報について学ぶためには，まず意味や使い方を確認しておく必要がある概念といえる。「情報」や「データ」などは，一般的にもよく用いられる用語であるが，これらについては唯一の正しい定義は存在しない。その意味や使われ方も，実際は多様である。また，３つの概念はまったく別のものではなく，重なる部分がかなりある。それぞれが特に区別されずに使われるケースが，日常生活においてのみではなく，専門書や学術論文等においても見られることもある。本章は，これらの概念が有する様々な意味とそれらの使用法を整理することで，本書における政策と情報についての学びを助けるための，イントロダクションの役目を果たす。

本書の構成

　本書では「政策」と「情報」との関係について，「情報のための政策」および「政策のための情報」の２つの視点から説明を加えていく。

　前者の「情報のための政策」は，広い意味での「情報政策」を指す。「情報政策」が関わる範囲はきわめて広汎であるため，単一の定義を与えるのは難しい。ここではそれを，「政府によって行われる情報に関する目的の設定と，その達成行動の方法に関わる法律，規則，ガイドラインからなる体系」と捉えておく。すなわち，特定の目的のために，政府が情報を新たにつくり出したり，

処理したり，利用したり，提供したり，場合によれば処分したりすることに関わる政策が，「情報（のための）政策」である。

　一方，後者の「政策のための情報」とは，社会問題の解決手段としての政策をよりよくしていくために用いられる情報のことを指している。政策過程を構成する課題設定や政策決定，政策実施あるいは政策評価といった各段階においては，様々な情報が多様な形で用いられる。

　このような政策と情報との関係についての2つの捉え方に従う形で，本書は2部構成となっている。本章では，本書が扱ういくつかの基本的用語について説明を行う。第Ⅰ部「情報のための政策」では，第1章で政策の主体である政府と情報との関わりを扱う。そこでは，政府を「システム」と捉えて，政府が社会とどのように情報のやりとりを行っているか，また政府の内部でどのように情報のやりとりが行われているかを説明する。

　第2章では，政府が取り扱う代表的な情報資源に焦点をあてる。特に「公文書」および「統計情報」を取り上げて，この2つを政府がどのように管理しているかを明らかにする。

　第3章のテーマとなるのは，「デジタル情報」である。日本における政府の情報化・デジタル化がどのように推進されてきたかについて，おおよそ2021年のデジタル庁設置に至るまでの流れを概観する。

　第4章では，公共情報を民間に開放することを意味する「オープンデータ」についての政策に焦点をあてる。その定義や考え方について説明を加えた上で，各国がオープンデータの利用に向けて，どのような政策を打ち出してきたかを考察する。

　第5章以降は，「政策のための情報」を扱う第Ⅱ部となる。第5章では，「エビデンス」と政策との関係を取り上げる。「エビデンスに基づいた政策形成（EBPM）」という考え方は，今や中央政府や地方政府においても広まっている。第5章では，情報が政策形成において，エビデンスとしてどのように用いられるべきか，という問題を中心に説明を行う。

　「エビデンス」に続いて，第6章で議論の中心となるのは「アイデア」であ

る。アイデアが政策の決定に影響を及ぼす重要な要因の一つであることは，従来から指摘されてきた。第6章は，政策アイデアの形成に始まって，それが政策へと影響を及ぼすに至るまでのプロセスにおいて，情報が果たす役割を説明する。

　第7章では，政策研究によって生み出された成果・知見について，それらを情報として政策決定でどのように利用していくべきかが論じられる。第7章での議論は，政策研究の社会的な意義への考察へもつながっている。

　そして，本書を締めくくる第8章のテーマは，市民の政策への関わりである。情報の受け手であるとともに，その送り手でもある市民が政策形成において果たす役割が考察されるとともに，その実現に向けての問題提起を行う。

本書の読み方

　本節の最後にあたって，本書の読み方について簡単に説明しておく。まず，序章を最初に読んでほしい。それにより，「情報」や「データ」といった基本的用語の意味・用法を確認しておくことが望ましい。それ以降については，各章をどのような順番で読んでもらってもかまわない。まずは自分が最も関心のあるテーマや事柄を扱っている章を読むことをお勧めする。さらに，それを足がかりとして他の章にも目を通していくことによって，社会における政策と情報との関わりについての知識と理解を深めてもらえたならば，執筆者として望外の喜びである。

2　「情報」とは何か

情報の定義

　「情報（information）」とは何なのか。それは日常的にも用いられる言葉であるが，その意味をわかりやすく説明するのは意外と難しい。早くから政策・政治と情報との関係に注目していた政治学者の山川雄巳は，情報について「それが何かということを考えれば考えるほどとらえにくくなる」と述べている（山

川 1980：224）。だが，本書のテーマが情報と政策との関係である以上，情報の意味や定義については一定の説明を加えておく必要があるだろう。

　まず一般的な辞書を手がかりにして，情報の意味について考えることにする。国語事典の『広辞苑』（第7版，岩波書店，2018年）では，情報とは「①ある事柄についてのしらせ。②判断を下したり行動を起こしたりするために必要な，種々の媒体を介しての知識。③システムが働くための指令や信号。」と定義されている。『大辞林』（第3版，三省堂，2006年）では，それを「①事物・出来事などの内容・様子。また，その知らせ。②ある特定の目的について，適切な判断を下したり，行動の意思決定をする（ママ）ために役立つ資料や知識。③機械系や生体系に与えられる指令や信号。例えば，遺伝情報など。④物質・エネルギーとともに，現代社会を構成する要素の一。」と定義する。表現の仕方はやや異なるものの，どちらの定義も，何らかについてその内容を示すもの，そして判断や決定をする際に役に立つものとして情報を捉えていることがわかる。

　次に，政策研究とも大きな関わりをもっている政治学の研究者が，情報についてどのように定義しているかについても見ておこう。猪口孝は，情報とは「不確定度を減少させること」と述べている（猪口 1979：155）。どのような意味なのか。政治主体（その代表的なものは政府組織）は，それぞれ達成すべき政治的目標を有している。ただし，その目標はすんなりと達成されるとは限らない。政治主体を取り巻く環境（ここでは広く社会をイメージしてもらえばよい）において，その目標に対する反対の意見がきわめて強いような場合，あるいは政治主体による目標達成行動に対する抵抗が強いような場合には，目標の達成は難しくなる。政治主体を取り巻く環境の「不確定度が高い」とは，このような状態を意味する。

　これに対処するための方法としては，たとえば政治主体が社会に対してメッセージを発信することによって，目標についての社会の理解を深めたり支持を高めたりすることが挙げられる。この場合に発信されるメッセージが，不確定度を減少させるという意味での情報なのである。このような情報の捉え方は，第2次世界大戦後にノーバート・ウィーナー（Norbert Wiener）が情報と制御

の理論として提唱した「サイバネティクス（cybernetics）」の流れをくむもので
ある。

　このように，情報には「知らせることの内容」「内容を伝達すること」とと
もに，「受け取った側の行動に影響を及ぼす」という側面がある（山川 1980：
224-226）。ここでは情報を，「受け取るもの（受信者）に何らかの影響を及ぼす
意味の集合」とやや広く定義した上で説明を進めることにする。

情報資源

　「情報」とよく似た概念として，「情報資源（information resource）」がある。
これについても説明を加えておこう。「情報資源」は「情報」と比べればそれ
ほど一般的な用語ではないかもしれない。だが，大学生の読者の中には，大学
での科目履修手続きの際に，その語を目にしたことがある人がいるかもしれな
い。というのも，図書館司書の資格を取得するためには，「情報資源」に関す
る科目を履修して単位を修得する必要があるからである。『図書館法施行規則』
（2012年4月1日施行）第1条では，司書となる資格を得るためには，「情報資
源」という語を含んだ3つの科目（図書館情報資源概論・情報資源組織論・情報資
源組織演習）を修得しなければならないと定めているからである（2022年4月1
日現在）。

　それでは，「情報資源」とは何なのか。図書館業務に関する専門的な辞典で
ある『図書館情報学用語辞典』（第4版，丸善出版，2013年）では，「情報資源」
とは「必要なときに利用できるように何らかの方法で蓄積された情報や資料」
あるいは「組織にとっての資源とみなされた情報」であると定義されている。
ここからは，情報資源とは情報に対する捉え方の一つであることがわかる。広
い意味での「資源」とは，社会や人びとの生活を維持したり，さらにそれをよ
り良い状態にしたりしていくために利用されるものと捉えられる。『図書館情
報学用語辞典』における上記の定義には，情報が組織（さらにいえばより広い社
会）にとって役に立つものであり，それがいつでも利用できるような状態に置
かれている場合には，それは一つの資源として捉えられ得るとの考え方が含ま

れている。

　資源としての情報が有効に利用されるためには，情報の管理を適切に行っていく必要がある。たとえば，書類がきちんと整理されていなければ，そこに記載されている内容がきわめて重要なものであったとしても，それらを有効に利用することはできない。適切な管理が行われることによってはじめて，「しかるべき時に，しかるべき人に，しかるべき情報を与える」ことができるようになる。このような考え方を「情報資源管理（information resources management）」と呼ぶ。情報資源管理についても様々な定義が存在するが，ここでは，情報資源管理を「情報を（カネや人などと同じく）資源と見なして，それを有効かつ積極的に利用していくために行われる管理あるいはその管理に関わる機能」と捉えておく。

「広報情報」と「政策情報」

　内容の違いに基づいて，情報をいくつかの種類に分けることも可能である。ここでは「広報情報」と「政策情報」の2種類を取り上げる。

　政治学者の松下圭一は，広報情報と政策情報は明確に区別されるべきと主張した（松下 1999：86-95）。前者の「広報情報」とは政府から社会に対して発信される情報であり，その内容は「すでに決定された政策」についてのものである。すなわち，決定された政策の周知徹底のために，政府もしくは地方自治体が社会に対して提供する情報が広報情報である。松下は災害緊急情報の例などを挙げて，広報情報の提供が不可欠であることを認めている。その一方で，地方自治体における広報情報の実質は，行政から社会への町内会などを通じた上から下への単なる「お知らせ」と，行政の「アリバイづくり」にとどまっていると批判した。もっとも，その批判が妥当かどうかについては，行政から社会へと提供される情報の内容をより厳密に検証することによって確かめなければならない。

　広報情報とは異なり，「政策情報」とは「政策が決定される前」に利用される情報である。すなわち，取り組むべきどのような問題が存在しているかを明

らかにした上で，その解決策としての政策をつくり出すために用いられる情報が政策情報である。松下は政策をつくるための情報を，①争点情報，②基礎情報，③専門情報というように，さらに細かく3つに分類している（松下 1991：152-153）。争点情報とは，社会で何が起こっているのか，また何が問題となっているのかを示す情報である。政策過程において解決すべき問題を選び出す段階にあたる課題設定（アジェンダ・セッティング）に，深く関係する情報といえる。それに対して基礎情報とは，問題解決策をつくり出すための原材料となるものである。様々な調査によって得られた情報や統計数字はこれにあたる。そして，専門情報とは「専門化する個別の政策開発に必要な医学，福祉学，建築学，環境学，気象学などの〈技術情報〉」を指している（松下 1991：153）。専門情報は，主に各分野の専門家によって生み出される。たとえば審議会を通して，政府は各政策分野に関係する高度で先端的な情報を専門家である委員から獲得して，それに基づいて政策の作成を行うことになる。

3　「データ」とは何か

「データ」の概念

　情報とよく似た概念として，「データ（data）」がある。データもまた，様々な面で政策とのつながりをもつ。たとえば，データの分析は政策の立案や評価に欠かせない。本節では，データがどのようなものかについて，情報との相違点を中心に説明する。

　すでに説明したように，情報という概念には，「何らかの事象を記述したもの」という要素だけではなく，それを「伝えること」，そして伝えられた結果として「受け手の考えや行動に何らかの影響を及ぼすもの」という要素が含まれる。この点で，「情報」とよく似たものであり，時には同一のものとして扱われることのある「データ」と「情報」とを区別することが可能である。データとは，万象（world）を観察したものであり，たとえばアンケート調査やインタビュー，あるいは何らかの器具を用いた測定作業などによって得られる。

政策研究者のジャンドメニコ・マヨーネ（Giandomenico Majone）は，政策分析においてデータは「つくり出される」ものではなく「発見される」ものであると述べている（マヨーネ 1989＝1998：53）。データは，政策作成のための原材料にあたるものと言ってよい。[2]

「データ」と「情報」の違い

これに対して，情報とはデータを整理・加工・分類することによってつくり出されたものである（Lowendes 2016：105）。たとえば，ある市の住民を対象として，公共交通機関を利用したかどうか，また利用している場合にはどのくらいの頻度でそれを利用したかについてのアンケート調査を行ったとしよう。この調査の結果そのものは，「データ」として捉えられる。このデータに対し，たとえば年齢を基準として回答者を分類した上で年代ごとの利用率を算出したり，回答者の住居地ごとに利用率の平均値を算出したりするなどの加工を施した場合には，それらは「データ」から「情報」へと形を変える。市における公共交通機関の将来についての政策を考える際には，このような情報はデータ以上に有益となるだろう。すなわち，データに手を加えることによって，価値が付与された結果として情報が生み出されたこととなる。

以上のように，「情報」と「データ」との間に区分を設けることは可能である。ただし，実際には情報とデータとを明確に分けることは難しい。無理にそのような区分を設けても，かえって議論や説明をわかりにくくしてしまうこともある。ここでは，ひとまず「情報」を「受け手に何らかの影響を与える可能性がある意味の集合」と捉えて，「データ」と区別しておく。その上で本書では，「データ」としての性質を強く含むものを含めて「情報」と表現する場合もあることを断っておきたい。

4　「文書」とは何か

「文書」および「情報」の用いられ方

　政府が情報を管理する際に中心となる仕組みの1つが公文書管理制度である。公文書管理制度とは，政府や地方自治体などの公的な機関が，文書を作成したり，配布したり，保存・廃棄したりするための仕組みを意味する（公文書管理制度については，本書第2章第1節参照）。ここでは公文書管理において管理の主たる対象となる「文書」と「情報」との関係に焦点をあてて説明を行う。

　文書と情報は同じものなのか，それとも異なるものなのか。国の情報公開制度について定めた法律の名称は「行政機関の保有する情報の公開に関する法律」（以下「行政機関情報公開法」）であり，「情報」という用語が用いられている。その一方で，情報公開制度について定めた条例では，たとえば「情報公開条例」というように，国の法律と同じように「情報」という「用語」を使う地方自治体もあるが，「公文書公開条例」というように「（公）文書」という用語を用いているところもある。

法律における「文書」と「情報」

　文書と情報についての定義づけは，日本の法律ではどのようになされているのか。たとえば，2001年に施行された行政機関情報公開法では，「行政機関の保有する情報の一層の公開を図」ることが目的の一つとされているが（第1条），その中では「情報」については定義がなされていない。開示の対象と規定されているのが，行政「文書」だからである。同法では行政文書について，「行政機関の職員が職務上作成し，又は取得した文書」であり「当該行政機関の職員が組織的に用いるものとして，当該行政機関が保有しているもの」との定義づけがなされている（第2条第2項）。

　一方，2009年に成立し2011年4月1日から施行された「公文書等の管理に関する法律」（以下「公文書管理法」）での「行政文書」の定義は，上で示した行政

機関情報公開法における定義とほぼ同じものとなっている（第2条第4項）。また，2005年に全面施行された「個人情報の保護に関する法律」（「個人情報保護法」）では，「個人情報」については定義がなされているものの（第2条），「情報」そのものについては明確に定義されていない。

　情報の扱いに関する法律等では，文書と情報との明確な違いは示されてはいない。それでは，文書と情報は同一のものなのか。多賀谷一照は，両者を厳密には異なるものと捉えた上で，その違いについて，次のように説明している（多賀谷 1995）。すなわち，情報は無体物であると考えられる。無体物とは，音や電気などと同じように，有形的存在ではないものを指す。

　一方，「文書」とは，元々は無体物である情報に何らかの媒体を組み合わせることで，擬似的な有体物性を与えるものである。たとえば，情報はそれ自体では無体物であるが，その内容が紙媒体の上に記載されることによって，読むことができたり見たりできたりするようになった場合に，それは文書と見なされる。

　もっとも，文書と情報との間に明確な境界線を引くことは難しくなってきている。上述の行政機関情報公開法及び公文書管理法では，行政文書は紙媒体のみでなく，図画とともに電磁的記録を含むものとされている。すなわち，情報がハードディスクやSSD，あるいはクラウドなどに記録されているだけでは，それを直接に読んだりすること，あるいは見たりすることはできない。しかし，コンピュータなどの機械を用いることによってそれが可能となっているならば，その情報は文書と見なすことができる。

　「情報」が多義的な概念であることは，以上の説明によって理解できるだろう。それゆえ，本書で用いられる「情報」という用語についても，必ずしも厳密に統一された意味で用いられているわけでないことを，あらかじめお断りしておきたい。

注
(1) サイバネティクス論と政治学との関係についての簡潔な説明としては，山川

（1994：64-71）を参照のこと。

(2)　ボーグマンは，「データ」の意味は曖昧であり，その定義づけは困難であること
　　を認めた上で，最も包括的には「研究または学術の目的で現象の証拠として用いら
　　れる，観測，オブジェクト，その他の実態の表現」として捉えられると説明してい
　　る（ボーグマン　2015＝2017：33）。

引用・参考文献

猪口孝（1979）「情報」『年報政治学』（30）143-156。

多賀谷一照（1995）『行政とマルチメディアの法理論』弘文堂。

ボーグマン，クリスティン・L.（2015〔2017〕）『ビッグデータ・リトルデータ・
　　ノーデータ——研究データと知識インフラ』佐藤義則・小山憲司訳，勁草書房。

松下圭一（1991）『政策型思考と政治』東京大学出版会。

————（1999）『自治体は変わるか』岩波書店。

マヨーネ，G.（1989〔1998〕）『政策過程論の視座——政策分析と議論』今村都南雄訳，
　　三嶺書房。

山川雄巳（1980）『政策過程論』蒼林社。

————（1994）『政治学概論』（第2版）有斐閣。

Lowendes, Vivien, (2016), “Narrative and Storytelling,” in Gary Stoker and Mark
　　Evans eds., *Evidence-Based Policy Making in the Social Science,* Bristol, Policy
　　Press, 103-121.

（岡本哲和）

第 I 部

情報のための政策

第1章

政府と情報との関わり

── この章で学ぶこと ──

　本章の目的は，政策と情報との関係についての大きな見取り図を示すことにある。手がかりとするのは，政策と情報をつなぐ存在としての政府の役割である。

　以下では，まず「システム」として政府を捉える見方を紹介する。次に，「政治システム論」の考え方に沿う形で，政府が社会とどのように情報のやりとりを行っているか，また政府の内部でどのように情報のやりとりが行われているかについて説明を行う。取り上げるのは，「社会から政府への情報の流れ」「政府内部での情報の流れ」「政府から社会への情報の流れ」の，3つの情報の流れである。これらの情報の流れについて，その具体例も示しながら説明を加えていく。それによって，政策の主体である政府の活動と情報の関係について，基本的な理解を深めてほしい。

1　情報と「システム」としての政府

政策主体としての「政府」の重要性

　本節では，政策と情報の両者をつなぐものとしての政府に注目する。理由は，政府が（公共）政策の主体として重要な位置を占めているからである。もっとも，政策の形成は政府・地方自治体が独占するものではなく，国民や住民がその主体となるべきであるとする松下圭一に代表されるような主張も存在する（松下 1991）（政策決定において市民が果たす役割に関しては，本書第8章も参照）。規範的には，首肯できる見方である。だが，政策を「任意の行動単位の目的達成活動の方法」と定義すれば（山川 1980：3），この定義の中にある「目的達成活動」の主体である「任意の行動単位」の大部分は，依然として政府によって占められていると考えられる（佐藤 2012：332）。

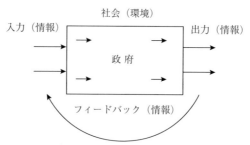

図 1 - 1　「システム」としての政府と情報の流れ

出典：筆者作成。

システムとしての政府

　本章では政府を，それにとっての外部環境となる社会との間で情報を交換し合う「（開放系）システム」と捉える。「システム」としての政府は，社会との間で，入力（社会から政府へと流入する情報）と出力（政府から社会へと放出される情報）に関わる作業を繰り返し行う（図 1 - 1 参照）。また，いったん出力されたものは，環境としての社会で新たな入力へと形を変えて，再びシステムへとフィードバックされることがある。

　政府は自己の目的を実現するために，情報の出力により社会を自らにとって望ましい状態へと変えようとする。また，情報の入力を通じて，政府は社会の状況に自らを適応させようとする。このような枠組みで政府あるいは国家の行動を理解しようとしたのが，政治学者デヴィッド・イーストン（David Easton）に代表される政治システム論である。政治システムへの基本的な入力として，要求と支持の 2 種類がある。外部からの要求あるいは支持が政治システムに入力され，それがシステム内で出力に変換されて外部環境へと放出される。政治システムからの出力は，諸価値の権威的配分，拘束的決定，そして，それらを実行する行為である（イーストン　1965 = 1968：137-144）。

　以下では，政府と社会に関わる情報の流れについて，①社会から政府への情報の流れ，②政府内部での情報の流れ，③政府から社会への情報の流れ，の 3 つに焦点を合わせる。それぞれの情報の流れがなぜ，そしてどのように生じているかについて，特に政策との関連を中心に説明を行う。

2　社会から政府への情報の流れ

社会から政府への情報の流入

　社会から政府への情報の流れについては，様々な基準による分類が可能である。たとえば，社会のどこから，どのような形で，どのような情報が流入するのか，また，なぜ情報が流入するのかといった基準が考えられる。ここでは情報の入力に政府がどれだけ積極的に関与しているかどうかを基準として，①社会の側から政府に対して自発的に情報が提供されるケース，すなわち政府が働きかけを行わなくとも社会の側から政府へと情報が流入してくるケース，②政府が社会から能動的に情報を獲得するケース，すなわち政府が社会に対して何らかの働きかけを行うことによって社会から政府への情報の流入が生じるケース，の 2 つに大きく分類して説明を行う。

社会から政府への自発的な情報提供

　「政府が働きかけを行わなくとも，社会から政府へと情報が流入してくるケース」に関して，まず指摘しておかなければならないのは，社会からの情報の獲得という点で，政府が特別な地位を有していることである。そもそも，国家もしくは政府は，社会における他の主体と比較してきわめて強い力を有している。ドイツの社会学者・経済学者であるマックス・ウェーバー（Max Weber）は，物理的な暴力を正当に行使する権利を有するのは，国家のみであると述べた（ウェーバー　1929＝2018：92-93）。情報の獲得についても，社会における他の主体と比べて政府は例外的に強い立場にある。すなわち，政府や地方自治体は，それらが社会ネットワークの中心に位置しているという理由により，存在しているだけで外部の方から情報が流入してくるという性質がある。このことを，政府がもつ「情報集結性」という（橋本 2005：186）。政府に向けて社会の方からの多くの情報が流入してくる理由は，政府が社会ネットワークの中心に位置しているからである（Hood 2007：21）。

　社会から政府へと自発的に入力される情報の例としては，様々な利益団体や市民団体などからの政府に対する要求がある。政府を行政機関としてやや狭く捉えた場合には，政党や政治家からの依頼などもこれに当てはまる。また，特定の補助，給付，扶助などの行政サービスの受益者になろうとするものは，個人に関わる情報等を自発的に政府・自治体に提供する必要がある。それ以外にも，国民あるいは住民から政府・自治体に対して任意に情報提供が行われる場合がある。通報，提言，陳情，相談などがその例である。

政府による能動的な情報収集の目的

　社会から政府への情報の流れにおいて，政府は受動的であるだけでなく，情報獲得においてより積極的な役割も果たしている。政府（国家）が効果的に統治を行うためには，統治の対象となる国民や領土等についての情報が不可欠である（細野 2021：76-77）。そのため，政府は社会から能動的に情報を収集しようとする。政府がどれだけ信頼できる情報を収集できるかは，政府自体の能力を測るための重要な指標の一つでもある（Brambor et al., 2019）。

　加えて，政府は統治の対象についての情報だけでなく，自らが統治を行うために必要な情報の収集を行う。これに関連して，ハーバート・A・サイモン（Herbert A. Simon）らは，組織において活用される会計報告情報を，①成績評価情報，②注意喚起情報，③課題解決情報の3つに分類した（Simon et al., 1954：2-4）。成績評価情報とは，業務が適切に遂行されているかどうかを確認するための情報であり，注意喚起情報は対処すべき問題が発生しているかどうか，あるいは今後発生する可能性があるかどうかを探知するための情報である。ただし，成績評価情報と注意喚起情報の2つは重なるところがあり，明確には区別することはできない。課題解決情報とは，問題の解決策を策定するために必要となる情報である。これら3つの情報は，一般的な統計情報の分類に対しても適用が可能であると，西尾勝は指摘している（西尾 281）。それだけにとどまらず，これらは統治に必要であるために政府が収集する情報全般を，その目的ごとに分類したものとも捉えられるだろう。

政府による情報収集の決定

　政府による情報収集は，その目的だけでなく収集の対象も多様である。国内の個人や団体が対象となる場合もあれば，外国の政府が対象となる場合もある。人や組織ではなく，自然を対象とする場合もある。さらに，だれが，どのような方法や手段で情報を収集するかについても様々なケースがある。ここでは，情報の収集についての決定がどのような形で行われているかという「決定」の次元に焦点をあてる。

　政府における情報収集に関わる決定とは，特定の情報を収集すること（あるいはしないこと）についての決定や，情報を収集する範囲についての決定，どのような方法や手段で収集するかについての決定を意味する。これらの決定が政府内の単一もしくは少数の機関によって担われており，なおかつその機関が他の機関に対して決定に関する権限を強く行使できる場合を「集権的」と見なす。それに対し，決定が複数の機関に委ねられており，各組織が情報収集に関して独自の権限を有している場合を「分権的」と見なすことにする。集権的か，それとも分権的であるかは，二分的というよりも連続的な程度の問題として捉えた方が適切である。それによって各国における情報収集の体制を，集権と分権を両極とする尺度上のどこかの点に位置づけることも可能となる。

情報収集における決定と実施

　政府による情報収集の分類について，前述した「決定」に関わる次元と，収集の「実施」に関わる次元は，区別される必要がある。実施の次元は，「どのような方法で情報の収集が行われているか」と関係する。これについても，様々な分類基準が考えられる。たとえば「政府内の単一の組織が政府全体の情報を収集」するのか，それとも「政府内の複数の組織が，自らに関係する情報をそれぞれ収集」するのか，という分類基準はその一つである。前者のタイプを「集中的」な収集，そして後者のタイプを「分散的」な収集と呼ぶことができる。

　一般的に，複数の組織によって分散的に情報収集がなされる場合には，収集

される情報の重複が起こりやすくなるといわれる（本書第2章第2節も参照のこと）。しかし，各組織がどのような情報を収集しようとしているのか，あるいは実際に収集しているのかをモニタリングすることによって重複をチェックし，収集される情報の選別を行うことが出来るのならば，そのような問題の発生を防止することもより容易となる。

情報収集に関わる集権的な体制の例——アメリカ連邦政府

　分散的な情報収集が実施されている一方で，収集に関わる決定が集権的になされている例として，アメリカ連邦政府の情報資源管理体制が挙げられる。アメリカでは，1980年に文書業務削減法（Paperwork Reduction Act）が制定された。「文書業務」の「削減」という言葉が示す以上に，同法の内容はより広い範囲の情報の取扱いに及んでいる。すなわち，同法は連邦政府全体の情報資源管理の枠組みを形成するものと位置づけられている。

　政府による情報収集に関して，同法の内容で特に重要なのは，各政府機関が一定数以上の人びとを対象として情報収集を行う場合には，行政管理予算局（Office of Management and Budget：OMB）に設置された情報規制問題室（Office of Information and Regulatory Affairs：OIRA）による審査を受けることを義務づけている点である（岡本 2003）。OIRA の認可無しには，政府機関は国民から情報を収集したり，国民に書類を作成させたりすることはできない。この手続きを通じて，社会から収集される情報の重複を排除することによって，政府のコストを削減することが出来る。同時に，情報の収集対象となる社会（企業や団体，個人など）の側の負担（書類作成のための手間や時間など）も軽減することが可能となる。このように，アメリカでは政府に流入する情報の流れを OIRA という単一の組織でコントロールできる枠組みが形成されている。

　それに対し，たとえば日本政府では，幅広い情報の政府への流れを，一カ所でコントロールするような仕組みは存在しない。情報収集に関わる決定は，基本的には各政府機関に委ねられている。それゆえ，日本は分権的なタイプに含まれるといえる（ただし，これまで日本で進められてきた統計制度の改革においては，

集権的タイプへの志向を見て取ることが出来る。これに関しては，本書第2章第3節を参照のこと）。

　アメリカのような集権的なタイプの体制には，コストの削減や収集される側の負担軽減といったメリットがあるのは確かである。その一方で，情報収集に関わる決定が，恣意的に行われる可能性があることにも注意しなければならない。たとえば，政治的な判断によって，特定分野における情報収集活動が阻害されるといった問題が生じることも考えられる。

情報収集における「直接型・提供型」と「権力的・非権力的」

　政府による能動的な情報収集については，「集権−分権」以外の基準による類型化も可能である。たとえば城山（1998）は何らかのルールに基づいて制度的に実施されているかどうかを基準として，制度化の度合いの高い「公式型」と，度合いが低い「非公式型」の2つに分類している。

　このような分類基準も存在することを踏まえた上で，ここでは「直接型か提供型か」，そして「権力的か非権力的か」という2つの基準を取り上げて説明を行う。

　まず，「直接型か提供型か」という基準について，「直接型」とは政府が自ら，場合によれば第三者に委託して，必要な情報を集めている場合を指す。「提供型」とは，政府は直接的には情報収集を行わないものの，何らかの方法で社会に対して情報の提供を促している場合のことである。

　次に「権力的か非権力的か」という基準について説明する。「権力的」とは国民や企業などの社会の側に対し，政府が何らかの形で情報の提供を義務づけており，それに従わない時には罰則を課すこともあるような場合を意味する。それに対し「非権力的」とは，政府は社会に対して情報の提供は求めるものの，提供するかどうかは任意である場合を指す。この基準についても二分的なものとしてではなく，連続的な程度を表すものとして捉えた方が，実際の様々な情報収集活動の比較を行う上では使いやすい。

表 1-1　政府による情報収集活動の類型

政府による情報収集の実施	権力的	非権力的
直接型	直接型-権力的	直接型-非権力的
間接型	間接型-権力的	間接型-非権力的

出典：筆者作成。

情報収集活動の 4 つの類型

　前述の 2 つの基準を組み合わせると，情報収集活動は 4 つの類型，すなわち①直接型-権力的，②直接型-非権力的，③提供型-権力的，④提供型-非権力的にわかれる（表 1-1 参照）。

「直接型-権力的」な情報収集

　「直接型-権力的」なものとしては，たとえば国勢調査や毎月勤労統計調査，学校基本統計などの基幹統計（「基幹統計」や「一般統計」などの政府統計の区分については，本書第 2 章第 2 節であらためて説明する。まずは基幹統計を，政府の統計のうちで特に重要性が高いと考えられるもの，として説明を進める）の作成のための情報収集が挙げられる。たとえば，国勢調査では政府が任命する国勢調査員によって調査事務が行われる。この点で，直接的な情報収集が行われている。さらに，基幹統計の収集では，被調査者が報告を拒んだり，虚偽の報告をしたりした場合には罰金を科している（統計法第61条）。また，行政機関の長は統計調査員に，必要な場所に立ち入って帳簿や書類等を検査させることができる（第15条第 1 項）。実際の適用がどのようになされているかはさておき，基幹統計については強い権力の行使を伴う情報収集が可能である（統計制度については，本書第 2 章第 2 節でより詳しく説明する）。

　また，いわゆる行政調査の中にも，「直接型-権力的」に分類できる情報収集活動がある。行政調査とは，行政機関が適切な活動を行うために必要となる情報を収集することである。その際に行使される強制力が強く，検査や立ち入りなどの直接的な手段で情報収集が行われるケースが「直接型-権力的」なタイプに該当する[1]。たとえば，食品衛生法では，行政機関の職員が現場に赴いて臨

検（立ち入り検査）を行い，食品や器具などを無償で収去できると定められている（第28条第1項）。

「直接型-非権力的」な情報収集

次に，「直接型-非権力的」な情報収集について説明する。政府が直接的に情報収集活動に携わるが，それに応じて情報を提供するかどうかは任意である場合がこの類型に含まれる。政府による統計作成について，基幹統計については前述のように回答義務が定められているが，統計法第19条に規定されている一般統計（「基幹統計」以外の統計）については，そのような義務や回答を拒否した場合の罰則は定められていない。それゆえ，一般統計調査は「非権力的」な性質をもつ。なお，人びとのプライバシー意識の高まりや住宅形式の変化（オートロック式のマンションの増加等）によって，社会での調査の実施は年々困難になっている。これは，基幹統計である国勢調査等でも同様である。

「直接型-非権力的」な情報収集は，統計調査のように公的なルールに基づいて行われるものばかりではない。政府や自治体は，外部のコンサルタント会社やシンクタンクなどの外部組織に調査を委託することによっても情報の収集を行っている（原田 2012）。また，アンケート調査による情報収集や多くの自治体が実施している市民モニター制度などもこのタイプに含まれる。これら以外では，政府関係者が各方面への人的なネットワークを構築して，そこから政策立案のための情報やアイデアを得ることも「直接型-非権力的」な情報収集の一種である（城山 1998：272）。

「提供型-権力的」な情報収集

「提供型-権力的」な情報収集には，政府が届け出や報告などを義務づける形で，社会に対して情報の提供を促すものが含まれる。戸籍や住民登録，登記などがこれにあたる。また，許認可の手続きを通じて，情報の提供を義務づける場合もある。たとえば，食品衛生法は，飲食店を営もうとする者は都道府県知事の許可を得る必要があると定めている。許可を得るための申請書には，申請

者の住所，氏名，生年月日，営業所在地，営業設備の構造などを記載すること
を申請者に対して要求している（深澤・大田・小谷編 2018：92）。

「提供型-非権力的」な情報収集

　「提供型-非権力的」なものとしては，政府が社会からの情報提供を任意に求
めるケースが挙げられる。このタイプにおいては，公式の制度やルールをあら
かじめ定めることによって，社会に対して情報の提供を促していることもある。
日本国憲法第16条の規定に基づく請願や，意見公募手続（パブリック・コメント
制度）は代表的な例である[2]。

3　政府内部での情報の流れ

政府内部における2方向の情報の流れ

　何らかの形で社会環境から政府に入力された情報は，政策形成への利用や業
務遂行などのために加工・処理される。その過程で，政府組織の内部において
情報の伝達がなされる。政府内部における情報の流れは，「垂直の流れ」と
「水平の流れ」の2種類に大別できる。

情報の垂直の流れ

　政府組織に代表される官僚制組織の形態は，ピラミッド型の階統制（ヒエラ
ルヒー）構造である。そこでの命令系統は，上下方向に機能する。それゆえ，
その中での垂直の情報の流れは，公式的な意思伝達の経路にほぼ重なる。その
代表的な例は，上司から部下への指示や命令である。また，このような「上→
下」の向きだけでなく，政府組織内では「下→上」の方向へも情報は流れる。
部下が上司に対して行う報告あるいは提案が，その例として挙げられる。

　日本の役所における決定手続きとして用いられてきた稟議制でも，形式的に
「下→上」へと情報が伝達される。そこでは組織の末端にいる担当者がまず起
案書を作成し，上司に送付する。内容に問題等がなければ，その上司は押印に

よって承認し，さらにそれを自分の上司に送付する。この手続きを繰り返し，決裁権者が押印することで最終的に決定がなされた形になる。稟議制においては，起案書を用いた情報の流れ自体が，政策決定のプロセスになっているといえる。

垂直の流れが引き起こす問題

　情報の垂直の流れにおいて問題となるのは，情報の内容が本来とは違う形で伝えられてしまうことである。このような「情報の歪曲」はどのような向きの情報の流れにおいても生じ得るが，特に「下→上」へと情報が伝達される際に生じる可能性が高い。

　歪曲が生じる原因の第一は，政府職員がとる「偏向行動」である（ダウンズ 1967＝1975：89-92）。政府組織で部下が上司に対して，仕事の内容について報告する場合を考えてみよう。政府組織の職員は，組織の目的の達成のみに関心があるわけではなく，出世や評判といった自分自身の利益にも関心をもつ。そのため，部下は自分のミスに関わる内容を上司に伝えなかったり，あるいは自分の成果を過大に伝えたりするような行動をとる可能性がある。

　原因の第二は「情報の圧縮」である。部下が上司に報告を行う場合，その部下は自分が有している情報のすべてを上司に伝えるわけではない。多くの情報から必要な情報のみを抽出した上で，それを伝えるのが一般的である。そうしなければ，上司は自分では処理しきれないほどの大量の情報に押しつぶされてしまうだろう。情報の圧縮は組織内での情報の伝達にとって必要な作業であるが，その一方で必要な情報が削り取られて伝達されてしまう危険性もある。

歪曲された情報の是正方法

　歪曲された情報に基づく政策形成は，重大な過ちを引き起こしかねない。歪曲を防止する方法としては，第一に情報が通過するポイント，すなわち伝達経路に関わる人の数を減らすことがある。なぜならば，情報が通過するポイントの数が増えるほど，情報が歪曲される度合いが高まる確率は高くなるからであ

る（フッド 1986 = 2000 : 121-123）。第二に，情報の伝達経路を複数にすることが
挙げられる。受け取った情報の内容が比較可能となることで，歪曲が生じてい
るかどうかを判断することが容易になる。ただし，伝達経路の複線化にはコス
トがかかるという問題もある。第三に，情報を受け取る側が，その内容に一定
程度の歪曲がなされているとあらかじめ想定しておく方法がある。これにより，
歪んだ情報に基づいて判断を行った際に生じる問題の発生を，一定程度コント
ロールしやすくなる。この方法は，「対抗偏向」と呼ばれる（ダウンズ 1967 =
1975 : 144）。

情報の水平の流れ

　水平の流れは，たとえば組織内の係から別の係へ，または課から別の課へ，
あるいはある政府機関から別の政府機関へというように，同格者間で情報が伝
達される際に生じる。前述のように，政府組織内における情報の垂直な流れは，
公式的な意思伝達の経路とほぼ重なっている。それに対して，水平の情報の経
路は必ずしも公式的なものではない。

　情報の水平の流れが生じる主な理由は，政策形成における情報交換や調整の
必要性である。政府活動にとって最も重要な対象は社会である。言うまでもな
く社会は複雑な存在であり，そこでの多くの要素は様々な形で密接に関連し
合っている。たとえば，経済の振興は環境保護の問題とも関係してくるし，医
療サービスの質の向上を目指すための施策は個人情報をどのように守るかとい
う問題とも結びついてくる。そのため，ある業務を所掌する組織が活動する際
には，別の業務を所掌する組織との情報交換が必要となってくる。

水平の流れを生じされる原因

　このような情報の水平の流れは，政府が扱う問題の性質が複合的になってき
ているにもかかわらず，一つの政府組織が一つの業務を担当していることから
も生じる。一つの業務を担当するのは単一の組織であるべきとの考え方は，
1930年代頃までのアメリカで特に大きな影響力をもった伝統的な行政学が重視

したものであった。重複する機能を整理し，同じような性質の業務を集約するような形で組織編制を行えば，組織間の対立や混乱などの問題が生じる可能性は低くなる。それによって一層の効率化がもたらされるというのが，そう考えられてきた理由である（伊藤・出雲・手塚 2016：48-49）。

　その一方で，「多機関連携（interagency collaboration）」として，政府組織の分立化を積極的に評価するような考え方も注目されている。多機関連携とは，「多元的な行政組織編成を前提として，関連する政策分野を結びつけるための手法」であり，現場で提供される公共サービスの質を高めることを目的とする（伊藤 2019：4）。日本でも，児童虐待防止や消費者保護，就労支援といった分野で試みがなされている。複数の組織が目的を共有した上で，単一の業務を行おうとする場合には，組織間での情報共有が必要となる。水平の流れを通じて正確かつ迅速な情報共有を実現することは，多機関連携を進めていくための課題でもある（伊藤 2019：33-36）。

4　政府から社会への情報の流れ

政府から社会への情報の流れの分類

　政府から社会に対しては，様々な目的で，様々な種類の情報が，様々なかたちで提供される[3]。まず，政府から社会へと向かう情報の流れを，①公式のルールに従って政府に提供が求められるもの，②提供するかどうかについて政府に裁量があるもの，の2つに大きく分けて説明を行う。

公式のルールに従って政府による提供が求められる情報

　社会に対しての提供が必要不可欠である情報については，法令等の公式のルールを定めることにより，政府がその公表を行うことを義務づけている場合がある（磯部 2008：345）。たとえば，統計法で定められた基幹統計と一般統計については，その結果を速やかにインターネットや他の適切な方法によって公表しなければならない（第8条第1項および第23条第1項）。また，法令の公布は

官報に掲載される。これについて定めた規定等はなく，慣例として長年行われており，非公式の制度に基づいた情報の提供とも見なし得る。

　政府による情報提供を義務づけている大きな理由としては，アカウンタビリティ（accountability）を確保することが挙げられる。鏡圭佑はアカウンタビリティを，「国民あるいは議会といった行政外部の主体が行政組織の任務を設定し，行政による任務の遂行を統制することで，行政組織に果たさせる責任」と定義する（鏡 2019：41）。政府情報の公開は，アカウンタビリティを向上させるための手段である。なぜならば，政府や地方自治体は，一般の国民や住民よりもはるかに多くの情報を有しているからである。両者間の情報の格差は国民や住民に対する政府の権力的な優位性をもたらして，前者による後者への統制を困難にする。さらに，マックス・ウェーバーが指摘するように，官僚制には保有する知識や意図を秘密にすることによって自らの優越性を高めようとする傾向がある（ウェーバー 1947＝2012：297）。情報公開制度は，公文書管理制度，個人情報保護制度とともに，政府と国民との間の情報格差を是正するための重要な制度の1つと位置づけられる（金井 2018：364-366）。

日本の情報公開制度

　日本では1999年に「行政機関の保有する情報の公開に関する法律」が制定され，2001年に施行された。開示請求の対象となるのは「行政文書」である。行政文書は「行政機関の職員が職務上作成し，又は取得した文書，図画及び電磁的記録」であり，「当該行政機関の職員が組織的に用いるものとして，当該行政機関が保有しているもの」と定義される（第2条第2項）。開示請求を行う権利を有する者は，日本国民に限定されない（第3条）。

　地方自治体においては，国に先んじる形で，1982年に山形県金山町が情報公開制度を導入した。少し遅れて同年には，神奈川県が情報公開条例を公布している。総務省による調査では，2018年10月1日時点で，すべての都道府県・政令指定都市・市町村が情報公開条例を制定している。

情報公開制度の影響・効果

情報公開制度の導入は，どのような影響・効果を実際に及ぼしているのか。赤井伸郎らは「アカウンタビリティの確立は行政事務の効率的な運営を促す」との仮説を検証するため，情報公開制度の導入が行政の効率性に効果を及ぼしているかどうかについて，日本の地方自治体を対象とする分析を行った（金井・金坂 2015）。行政の効率性の指標とされたのは，地方自治体が100％出資して設立された土地開発公社によって取得された土地の塩漬け率と不良資産率である。結果として，情報公開制度の導入から一定の期間が経過すると，塩漬け率と不良資産率は低下する傾向にあることが示された。情報公開制度の導入がアカウンタビリティの確立に対して，間接的にではあるがプラスの効果を及ぼしている可能性が示唆されている。

その一方で，国際的な比較研究では，情報公開法を新たに導入した国では，政府が腐敗しているとの認知が人びとの間で高まったとの分析結果も示されている（Costa 2013）。一般的には，情報公開による透明性の高まりは，汚職などの政府における腐敗を抑止するだろうと予想されるが，それとは反する結果（厳密には，腐敗の現状とそれについての人びとの認知は区別されるべきであるが）が示された。政府の透明性と政府に対する人びとの信頼との関係は，前者が高まれば後者も高くなる，というような単純なものではないことは他の研究でも示されている（Roelofs 2019）。

日本については，情報公開制度の導入自体に影響を及ぼす要因についての研究は行われてはいるが（伊藤 2002），その導入が政策の内容や政府の行動に及ぼす影響についての研究はまだまだ少ない。これからの政策研究の課題である。

提供するかどうかについて政府に裁量がある情報

公式の制度に基づいて情報が開示される情報公開制度と区別して，政府が任意で行う情報の開示は「情報提供」とも呼ばれる。行政による広報活動（行政広報）も情報提供の一種である。

政府が社会に対して能動的に情報を提供する理由の第一は，アカウンタビリ

ティを果たす必要を政府自らが認識しているためである。この理由によって提供される情報の例としては，白書や年次報告，政府関係会議の議事録，各種の調査結果や政府資料等の公表がある。

　第二は，情報の提供が，国民生活の安定のために役立つからである。たとえば，外務省がウェブサイト等で提供している国・地域ごとの海外安全情報は，国民の生命や身体を危機から守ることを目的としている。厚生労働省による感染症情報の提供や，気象庁の気象警報・注意報の発表も同様である。

　第三は，本章の第1節や第3節でも指摘したように，情報の提供によって社会を望ましい状態へと変えるためである。たとえば，中長期的に社会の発展を持続させようとする政策は，短期的な負担や一部の人びとの不利益を伴うことも多い。地球温暖化防止のためのエネルギー消費抑制策が，人びとの日常生活や産業振興に影響を及ぼすことはその例である。そのような政策についての社会の理解を促すためには，政府が適切な情報・知識を提供することが必要となる。これに関して柳は，土地開発公社の廃止やダム事業の中止などを例として，不利益の分配をもたらす決定が行われる場合には，専門的な知識に裏づけられた説得的な理由の提示があったかどうかが重要であることを明らかにした（柳1991）。

「ナッジ」と情報提供

　2017年にノーベル経済学賞を受賞したリチャード・セイラー（Richard H. Thaler）らが提唱した「ナッジ（nudge）」でも，情報提供は社会を望ましい方向へと導くための有効な方法とされている（ナッジについては第5章も参照）。行動経済学の分野では，人間の意思決定には様々なバイアスが存在することが明らかにされてきた。現状を変更する方が望ましい場合でも，現状を維持しようとする現状維持バイアスや，現在の状況を過度に将来に投影してしまい，正しい予測ができなくなってしまうプロジェクション・バイアスなどがその例である。

　ナッジとは，このようなバイアスを取り除くことによって，望ましい決定を導こうとする考え方である。社会における人びとの行動を変えるための一般的

な方法としては，ルールを設けることによって特定の行動を禁止したり，金銭的な誘因を与えて特定の行動を促したりすることが挙げられる。これに対して，ナッジでは，人びとの選択の自由を維持しながら，その行動を望ましい方向に誘導することが重視される。そもそも「ナッジ（nudge）」という用語は，「肘でそっと押す」ことを意味する（大竹 2019）。

　前述のように，適切な情報を提供すること，また，その提供の仕方を工夫することは，望ましい行動へと誘導するための方法である。自然災害の発生が予想される場合に，どのようにして多くの人の避難行動を促すかという問題を考えてみよう。避難場所について，その位置を知っていたとしても，そのことは必ずしも避難勧告時の避難行動へとつながるわけではない。人びとは，避難所暮らしの不便さや身体への負担などの避難に伴うコストを，自宅にとどまるコストよりも高く見積もる傾向があるからである。そこで，避難に伴うコストが，実際には低いことをアナウンスする工夫が求められる。避難場所についての情報提供を行う際に，その位置情報と併せて，食べ物や毛布が支給されて避難場所が快適な環境であるとのメッセージを付け加えることはその一例である（大竹 2019：68-74）。

政策手段としてのナッジ

　政策へのナッジの応用は，日本でも試みられつつある。例として，大阪府と吹田市及び大阪府地球温暖化防止活動推進センターが実施主体となった，温室効果ガス排出量及びエネルギー消費量の削減への取り組みがある。吹田市は住民を「転入・転出者」と「在住者」の二群に分けた上で，それぞれの群に対して，省エネ行動についての啓発リーフレットを配布した場合としなかった場合の行動変容の違いを検証する試みを，2018年から2019年にかけて行った。その結果として，啓発リーフレットを配付した場合の方が，しなかった場合と比較して，一部の省エネ行動の実施率が高くなることが示された（大阪府・吹田市・大阪府地球温暖化防止活動推進センター 2018）。

　ナッジのように行動経済学や行動科学の知見を利用して政策のデザインを行

── コラム①　AI（Artificial Intelligence）と政策 ──

　AI（Artificial Intelligence：人工知能）の進化が，社会の在り方を大きく変えると言われて久しい。将来は多くの職業がAIに取って代わられるであろうとの研究機関等による予測は，少なからぬ人々の不安をかき立てているかもしれない。

　その一方で，AIの発展は社会問題の新たな解決を促すだろうとの期待がある。各国の政府も，AIの利活用に向けた取り組みを進めつつある。2020年までの段階で，AIについての国家戦略の策定を検討している国の数は30以上に上り，17カ国はすでに戦略を施行している（Radu 2021：178-179）。日本でも，2022年3月8日に開催された「新しい資本主義実現会議」（議長：岸田文雄首相）において，AIに関する国家戦略を策定することが表明された。

　AIと政策との関係は，「AIのための政策」および「政策のためのAI」の2つに整理できる。前者の「AIのための政策」とは，AI時代に対応した人材の育成を行うこと，AIの応用によって産業競争力を強化すること，AIについての研究開発を加速させていくことなどを目的とする政策を意味する。

　後者の「政策のためのAI」には，AIを利用することによって様々な面から政策の形成を支援していくような試みや取り組みが含まれる。これに関して蒔田純は，課題設定，政策立案，政策決定，政策実施，政策評価という政策過程を構成する段階のそれぞれにおいて，AIが利用される可能性があると論じている（蒔田 2020, 2021）。たとえば，課題設定の段階では，AIの利用によって新たな課題を見つけ出したり，すでにアジェンダに載せられている課題に優先順位をつけたりすることができるようになるかもしれない。

　「政策のためのAI」の利用は，今後さらに進むだろう。公的機関がAIの利用を進める上では，倫理面等にも関わる一定の基準も必要となる。2019年に統合イノベーション戦略推進会議で決定された「人間中心のAI社会原則」は，その一例といえる。また，AIを用いてつくり出された政策が，必ずしも社会にとって望ましい結果をもたらすとは限らない。マイクロソフトリサーチの主席研究員であるケイト・クロフォード（Kate Crawford）は，AIのシステムはそれを利用する国家や企業の利益に沿うような形で世界を把握するように設計されていると指摘する。それゆえ，AIの社会への応用が現在の社会的格差を再生産したり，さらにそれを拡大したりすることも起こり得る（Crawford 2021：211.）。

　AIを何に対して，どのように応用していくかは，今後の社会における大きな課題となる。この課題に向き合って，「政策のためのAI」に関わる問題の解決を図るための指針や方策が，「AIのための政策」なのである。

う試みは，「行動公共政策（behavioral public policy）」と呼ばれる（Oliver 2019 : 917)。そこでは，選択肢の提示の仕方などとともに，政府から社会への情報提供方法の工夫が重要な手段となる。情報の内容だけでなく，どのような形でそれを提供するかが重要であることは，従来の政策研究においても認識されてきた。たとえば，事業評価（政策評価）の専門家であるマイケル・クイン・パットン（Michael Quinn Patton）は，評価結果がよりよく活用されるためには，結果の中身そのものだけでなく，その結果をいかに伝えるかが重要であると指摘している（パットン 1997＝2001 : 202-218)。一方，行動公共政策では，情報の提供の仕方がどのような効果を及ぼすかについて，エビデンスに基づいた政策デザインがより重視されるところに特徴がある（ここでいう「エビデンス（evidence）」とは，科学的に厳密な方法を用いて検証された因果関係を指す。エビデンスについては，本書第5章参照)。

オルタナティブデータ──民間データの政府による情報提供の可能性

　政府によって提供される情報は，一般的には政府自らが何らかの方法・手段を用いて収集されたものであることが多い。しかし，民間が社会で収集したデータを，政府が社会に対して提供するという試みもなされている。その一つが，「オルタナティブデータ」の提供である。オルタナティブデータとは，POS（販売時点情報管理）データやクレジットカードの利用データ，スマートフォンに搭載されたGPS機能等によって得られた位置情報データなどの，これまで十分に利活用されてこなかった代替的（オルタナティブ）なデータを指す（辻中 2022 : 3)。

　政策の分析のために使われる従来の経済データの多くは，政府によって収集されて，集計作業が行われる。そして，その結果を政府が公表することで，データとして分析等で用いられるようになる。経済分析でよく用いられる国内総生産（GDP）統計は，その代表例の一つである。ここで問題となるのは，情報の収集から公表までの間に，時間がかかることである。たとえば，四半期に1回発表されている国内総生産では，公表までに1カ月半のラグが生じている。

　これに対してオルタナティブデータは，民間の業務システムによって自動的に収集され，集計される。そのため収集から公表までにかかる時間は，従来のデータよりも短くなる可能性が高い。政府が収集・集計していた従来のデータと比べて，オルタナティブデータは速報性という点で優れている。

オルタナティブデータ提供の試み

　民間によって収集・蓄積されているオルタナティブデータを，政府が社会に対して提供していこうとする試みがなされている。その一つの例が，内閣府が2020年 6 月に公開した V-RESAS である（https://v-resas.go.jp/）。その目的は，新型コロナウイルス感染症が日本経済へ与えている影響を，ビッグデータを用いて可視化して示すことにある。たとえば，インターネット上で閲覧された飲食店情報の件数の推移と新規陽性者数との関連を，全国あるいは地域ブロックごとに容易にグラフで示すことが出来る。

　そこには，民間企業等によって収集されたオルタナティブデータが用いられている。前述の飲食店情報サイトの閲覧数については，Retty 株式会社が提供するデータが使われる。また，消費決済データについては株式会社ジェーシービーおよび株式会社ナウキャスト，宿泊客数については観光予報プラットフォーム推進協議会によって提供されたデータなどが用いられている（2022年 3 月13日時点）。

　前述のように，政府が収集する伝統的な統計データと比較して，オルタナティブデータの利用は速報性という点で優位性を有する。加えて，政府にとって情報収集のコストが削減できることも利点の一つと言える。その一方で，必ずしもサンプル設計をあらかじめ行って収集したデータではないため，データ自体にバイアスがかかる可能性があること，また取得できるデータの種類が限られてくることなどの問題もある（宇野 2022：110-111）だが，データを分析する目的を適切に設定し，分析方法と結果の解釈に工夫を施すこと等によって，これらの問題は一定程度解決され得ると考えられる。

　今後，政府によるオルタナティブデータの利用が進むことによって，伝統的

な政府統計がそれによって代替されていき，「統計の民営化」が進んでいく可能性もある（亀田・渡辺 2022：84）。

注

(1)　大橋洋一は，強制力の観点から，行政調査を直接強制調査，間接強制調査，任意調査，その他の調査の4つに類型化している（大橋 2019：368-369）。これらのうち，強制力が最も強いものは直接強制調査であり，次いで間接強制調査，任意調査の順となる。なお，これらの分類における「直接」との表現は主として強制力の強さを表すものであり，情報収集の形態の違いに基づく本章での「直接」型という表現とは使い方がやや異なる。

(2)　パブリック・コメントは「提供型-非権力的」な情報収集の手段であると同時に，行政責任を確保する制度の一つでもあり，市民が政策の決定に参加するための一手段でもある。パブリック・コメントについての行政学的な研究としては，原田（2011）がある。

(3)　政府によって提供される情報は，政府から直接に人びとへと伝えられるだけでなく，マス・メディアを介して伝えられることも多い。マス・メディアによる報道の仕方は，有権者の政策への態度に対しても影響を及ぼし得る（Hiaeshutter-Rice, Soroka and Wlezien 2019）。政府情報の媒介者としてのマス・メディアが果たす役割は重要ではあるが，紙幅の関係で扱わない。

引用・参考文献

赤井伸郎・金坂成通（2005）「情報公開，説明責任と事業効率性——土地開発公社の不良資産からの考察」『会計検査研究』（31），131-157。

石橋章市朗・佐野亘・土山希美枝・南島和久（2018）『公共政策学』ミネルヴァ書房。

イーストン，デヴィッド（1968〔1965〕）『政治分析の基礎』岡村忠夫訳，みすず書房。

ウェーバー，マックス（2012〔1947〕）『権力と支配』濱嶋朗訳，講談社。

ウェーバー，マックス（2018〔1929〕）『仕事としての学問 仕事としての政治』野口雅弘訳，講談社。

磯部哲（2008）「行政保有情報の開示・公表と情報的行政手法」磯部力・小早川光郎・芝池義一編『行政法の新構想Ⅱ——行政作用・行政手続・行政情報法』有斐閣，343-367。

伊藤修一郎（2002）『自治体政策過程の動態——政策イノベーションと波及』慶應義塾大学出版会。

伊藤正次（2019）「多機関連携とは何か」伊藤正次編『多機関連携の行政学』有斐閣，1-16。

伊藤正次・出雲明子・手塚洋輔（2016）『はじめての行政学』有斐閣。

内山融・小林庸平・田口壮輔・小池孝英（2018）『英国におけるエビデンスに基づく政策形成と日本への示唆——エビデンスの「需要」と「供給」に着目した分析』独立行政法人経済産業研究所（2022年10月12日アクセス，https://www.rieti.go.jp/jp/publications/pdp/18p018.pdf）。

宇野雄哉（2022）「オルタナティブデータ活用に向けた政府の取り組み」渡辺努・辻中仁士編著『入門オルタナティブデータ——経済の今を読み解く』日本評論社，105-118。

大阪府・吹田市・大阪府地球温暖化防止活動推進センター（2018）「転入・転居者への「ナッジ」を活用した啓発による省エネ行動変容の検証について（令和元年度の取組み）」（2022年10月12日アクセス，https://www.pref.osaka.lg.jp/attach/36205/00385109/R1_nudge_result.pdf）。

大竹文雄（2019）『行動経済学の使い方』岩波書店。

大橋洋一（2019）『行政法①』（第4版）有斐閣。

岡本哲和（2003）『アメリカ連邦政府における情報資源管理政策——その様態と変容』関西大学出版部。

鏡圭佑（2019）『行政改革と行政責任』晃洋書房。

角松生史（2008）「手続過程の公開と参加」磯部力・小早川光郎・芝池義一編『行政法の新構想Ⅱ——行政作用・行政手続・行政情報法』有斐閣，289-312。

亀田製作・渡辺努（2022）「政策現場におけるオルタナティブデータの可能性」渡辺努・辻中仁士編著『入門オルタナティブデータ——経済の今を読み解く』日本評論社，53-92。

小林庸平（2019）「解説——エビデンスに基づく政策形成の考え方と本書のエッセンス」エステル・デュフロ，レイチェル・グレナスター，マイケル・クレーマー『政策評価のための因果関係の見つけ方——ランダム化比較試験入門』小林庸平監訳，石川貴之・井上領介・名取淳訳，日本評論社，100-137。

金井利之（2018）『行政学講義』筑摩書房。

佐藤満（2012）「事例研究と政策科学」『政策科学』19(3)：331-350。

澤田康幸・上田路子・松林哲也（2013）『自殺のない社会へ──経済学・政治学からのエビデンスに基づくアプローチ』有斐閣。

城山英明（1998）「情報活動」森田朗編『行政学の基礎』岩波書店，265-283。

ダウンズ，アンソニー（1975〔1967〕）『官僚制の解剖』渡辺保男訳，サイマル出版会。

パットン，マイケル・クイン（2001〔1997〕）『実用重視の事業評価入門』大森彌監修，山本泰・長尾眞文編，清水弘文堂書房。

辻中仁士（2022）「『オルタナティブデータ』とは何か？」渡辺努・辻中仁士編著『入門オルタナティブデータ──経済の今を読み解く』日本評論社，2-21。

西尾勝（2001）『行政学（新版）』有斐閣。

原田久（2011）『広範囲応答型の官僚制──パブリックコメント手続の研究』信山社。

─────（2012）「中央省庁における情報資源調達活動の実証研究──委託調査を中心にして」『立教法学』86：28-45。

─────（2013）「エビデンスに基づかない政策形成？」『立教法学』87：63-82。

フッド，クリストファー（2000〔1986〕）『行政活動の理論』森田朗訳，岩波書店。

本田弘（1995）『行政広報』サンワコーポレーション。

南島和久（2017）「行政におけるエビデンスとアウトカム──自殺対策の評価からの考察」『季刊行政管理研究』（158）：21-34。

橋本信之（2005）『サイモン理論と日本の行政──行政組織と意思決定』関西学院大学出版会。

深澤龍一郎・大田直史・小谷真理編（2018）『公共政策を学ぶための行政法入門』法律文化社。

細野助博（2021）『公共政策のためのモデリングとシミュレーションの基礎』ミネルヴァ書房。

蒔田純（2020）「政策形成における AI 活用に関する一考察（上）」『弘前大学教育学部紀要』（124）：31-40。

─────（2021）「政策形成における AI 活用に関する一考察（下）」『弘前大学教育学部紀要』（125）：41-48。

松下圭一（1991）『政策型思考と政治』東京大学出版会。

柳至（2018）『不利益分配の政治学──地方自治体における政策廃止』有斐閣。

山川雄巳（1980）『政策過程論』蒼林社。

─────（1994）『政治学概論』（第 2 版）有斐閣。

Brambor, Thomas., Agustín Goenaga, Johannes Lindvall, and Jan Teorell, (2020),

"The Lay of the Land: Information Capacity and the Modern State," *Comparative Political Studies*, 53(2): 175-213.

Crawford, Kate, (2021), *Atlas of AI*, New Haven & London, Yale University Press, 211.

Commission on Evidence-Based Policymaking (2017) *The Promise of Evidence-Based Policymaking: Report of the Commission on Evidence-Based Policymaking.* (2022年10月12日アクセス，https://www2.census.gov/adrm/fesac/2017-12-15/Abraham-CEP-final-report.pdf)。

Costa, Samia, (2013), "Do Freedom of Information Laws Decrease Corruption?" *Journal of Law, Economics, and Organization*, 29(6): 1317-1343.

Hiaeshutter-Rice, Dan, Soroka, Stuart and Wlezien, Christopher, (2019), "Freedom of the Press and Public Responsiveness," *Perspectives on Politics*, 17(4): 1-13.

Hood, Christopher C. and Margetts, Helen Z., (2007), *The Tools of Government in the Digital Age*, Palgrave.

Roelofs, Portia, (2019), "Transparency and Mistrust: Who or What Should be Made Transparent?" *Governance*, 32(3): 565-580.

Radu, Roxana, (2021), "Steering the Governance of Artificial Intelligence: National Strategies in Perspective," *Policy and Society*, 40(2): 178-193.

Simon, Herbert A., Kozmetsky, George, Guetzkow, Harold and Tyndall Gordon, (1978), *Centralization* vs. *Decentralization in Organizing the Controller's Department*, Houston, Scholars Book Company.

■　　■　　■

読書案内

伊藤公一郎（2017）『データ分析の力――因果関係に迫る思考法』光文社。

　政策におけるエビデンスの重要性と，それを生み出すための代表的ないくつかの手法について説明した入門書。

若林悠（2019）『日本気象行政史の研究――天気予報における官僚制と社会』東京大学出版会。

　気象現象の予測は，政府が社会に対して行う重要な情報提供行動でもある。本書は，

気象行政を扱った初の本格的な研究書。

羅芝賢（2019）『番号を創る権力——日本における番号制度の成立と展開』東京大学
　出版会。
　政府による個人識別情報の管理について，日本や韓国を含めた国際比較によって，
その違いをもたらす原因を明らかにしようとする刺激的な書。

練習問題

① 　中央政府（国）と地方政府（地方自治体）の間で，どのような情報が，どのよう
　な向きで流れているのかについて調べてみよう。
② 　政府による権力的な情報収集について，本文で取り上げたもの以外にどのような
　ものがあるか調べてみよう。また，それらはどのような根拠に基づいて，だれが，
　どこから，どのような形で収集しているかについても調べてみよう。

（岡本哲和）

第2章

政府による情報資源の管理体制
—— 公文書管理制度と統計制度 ——

―― この章で学ぶこと ―――――――――――――――――――

　本章では，政府が取り扱う代表的な情報資源として「公文書」および「統計情報」
を取り上げて，これら2つを政府がどのように管理しているかについて説明を行う。

　公文書は，政府が業務を行うにあたっての重要な手段の一つである。また，公文書
の適正な管理は民主主義を支える基盤となる。統計情報は，政府が統治を行うための
基礎となる情報であるとともに，政策形成にとって欠かせない情報でもある。この章
では，日本における公文書管理の仕組みと，統計に関わる制度についての基本的な知
識を学んでほしい。

1　公文書管理制度

文書主義

　政府の業務における文書の重要性を指摘したのが，マックス・ウェーバーで
ある。ウェーバーは，正当性を持つ支配の形態を，カリスマ的支配，伝統的支
配，合法的支配の3つに分類した。そのうちの一つである合法的支配とは，支
配するものの権限が明文化されたルールによって与えられており，それゆえに
支配するものによる命令が合法的であるとの正当性を持ち得ることによって成
り立っている支配のタイプである。ウェーバーは，合法的支配が最も純粋な形
で表れているのが，官僚制（の幹部による支配）であると指摘した。官僚制は，
規則に基づく業務の遂行，階層制の組織形態，行政手段や調達手段の所有にお
ける公私の分離，構成員が専門的な訓練を受けていることなどの特徴をもつ。
これらの特徴を備えることによって，官僚制組織は正確で計算可能性の高い方

法で業務を遂行することが可能となる。さらに，その特徴の一つとしてあげられているのが「文書主義」の原則である。文書主義とは，提案や決定，訓令や指令などが文書を通して行われることを意味する（ウェーバー　1947＝2012：36-38）。政府にとって，職務遂行における確実性や正確性を保証するために，そして証拠性を確保するために，文書は重要な手段となっている。

政府における文書量の増大

　政府によって扱われる文書の量は膨大である。内閣府大臣官房公文書管理課による「平成29年度における公文書等の管理等の状況について」によれば，2017年度において国の各行政機関が保有する行政文書ファイル等の総数は1874万6,054件とされている[(1)]（内閣府　2019）。保有する行政文書ファイル等が特に多い行政機関は，防衛省（458万2,651件），国税庁（337万4,467件），国土交通省（306万5,297件），厚生労働省（193万9,764件），法務省（177万5,841件）であった。

　また，総行政文書ファイル等のうち，紙媒体が占める割合は93.1％（1,744万7,416件）である。電子媒体として保有されているものは6.7％（124万7,830件）に過ぎなかった。紙媒体の管理業務は，基本的に担当者の手作業で行われる。それでは業務負担も大きくなるし間違いやミス等も生じやすくなるため，行政文書の電子化を進めることが必要となる。それを目的として，2018年7月20日に「行政文書の管理の在り方等に関する閣僚会議」において決定された「公文書管理の適正の確保のための取組について」では，今後作成する行政文書については作成から保存，廃棄・移管までを一貫して電子的に管理する方針が打ち出されている。また，2019年3月15日に内閣総理大臣決定された「行政文書の電子的管理についての基本的な方針」では，電子化を進める上での「電子媒体の正本・原本化」や「文書作成廃棄までのプロセス全体を通じての電子化」などといった理念が示されている（内閣府　2019）。

公文書管理制度の必要性

　政府における文書の保存と管理についての中心的なルールは，法律で定められることが多い。日本では2011年4月1日に公文書等の管理に関する法律（以下「公文書管理法」）が施行されたことは，すでに序章で述べた。なぜこのようなルールが必要なのか。第1章でも説明したように，情報公開制度は政府と国民・住民との間に存在する情報の格差を是正するための制度と位置づけられる。実際には，情報公開制度のみではその情報の格差を十分に是正することは難しい。情報公開制度は，提供可能となる情報があってこそ効果を発揮する。言い換えれば，そもそも情報が提供できる形で存在していなければ，いくら情報公開制度があったとしても，国民・住民は望む情報に接することはできない。情報公開制度の導入によって事後的な情報の公開が義務づけられたならば，自らの責任を回避すること等を目的として，政府の側はすでにある情報を廃棄したり，あるいは情報そのものを作成しなくなったりすることも予想される。廃棄などされた情報は不存在として扱われ，開示の対象とはならない。

　政府文書の不適切な管理に起因する問題は，これまでにも発生してきた。たとえば2007年には，存在しないとされていたC型肝炎感染者のリストが，厚生労働省の地下倉庫で発見されるというケースがあった。同年には，社会保険庁で5,000万件もの年金納付記録が失われるという「消えた年金」問題も発生した。

日本の公文書管理法

　そこで重要となるのが，政府が情報を何らかの形で保存し，管理するように義務づけるためのルールである（金井 2018：364-366）。情報公開制度とともに「車の両輪」として公文書管理制度に期待されているのは，このようなルールとしての役割といえる。

　公文書管理法第1条では，「国及び独立行政法人等の諸活動や歴史的事実の記録」が「公文書等」であるとされている。さらに，公文書管理法の対象となる「公文書等」とは，「行政文書」「法人文書」「特定歴史公文書等」を指して

いる（第 2 条第 8 項）。

　同法の大きな柱は，公文書の管理・保存基準を政府レベルで定めたことにある（新藤 2019：101-102）。行政文書の管理にあたっては，行政機関の長は「行政文書管理規則」を設ける必要がある。行政文書管理規則には文書の作成・整理・保存・移管または廃棄などの事項を記載して，文書の管理が適正に行われるようにしなければならない（第10条）。このために，内閣府は各行政機関に対して，「行政文書管理ガイドライン」を示す。行政文書管理ガイドラインの制定は法的には義務づけられていないものの，各行政機関の長はそれを参考として行政文書管理規則の作成を行うことになる。同ガイドラインを基準とすることによって，各行政機関による行政文書管理規則の内容が，より統一的なものになると期待できる。さらに，宇賀克也は同ガイドラインが，スムースな行政文書管理規則の制定を促すと指摘する（宇賀 2015：16）。その理由は，第10条第 3 項によって，行政機関の長が行政文書管理規則を設ける際には，内閣総理大臣への協議とその同意が必要であると定められているからである。ガイドラインに沿った規則案の作成によって，内閣総理大臣が同意することが困難であるような行政文書管理規則案の作成は避けられるようになる。

公文書管理委員会の位置づけ

　公文書管理法第10条第 3 項による行政文書管理規則制定にあたっての内閣総理大臣への協議とその同意の義務づけについて，日本の公文書管理制度についてもすぐれた研究を行っている歴史学者の瀬畑源は，それが公文書管理法における行政文書管理規則についての諸規定の中で，特に重要なものであると指摘する。なぜなら，内閣総理大臣が同意を与える際には，第三者機関である公文書管理委員会に諮問しなければならないからである（第29条）。公文書管理委員会の審議は，基本的に公開される。そのため，行政機関が規則を定める際に，抜け道をつくることは難しくなっている（瀬畑 2011：169-170）。

　文書の作成については，第 4 条で規定されている。そこでは，行政機関の職員に対して，行政機関における法令の制定・改廃の過程や，閣議・行政機関の

長による会議等における決定およびその「経緯」などを「合理的に跡付け，又
は検証することができるよう」（第4条第1項）に文書を作成することを義務づ
けている。2009年3月3日に閣議決定された政府による当初の公文書管理法案
では，文書の作成義務が記されていたが，そこで記載すべき事項については政
令で定めるとされていた。これに対しては，民主党（当時）などの野党からだ
けでなく，与党自民党内からも批判の声が上がった。政府が義務的に作成すべ
き内容が，政令の中身次第で骨抜きにされてしまう可能性があったからである。
当時の福田康夫内閣も基本的にこのような批判に理解を示し，最終的には文書
作成の際に記載すべき事項が，上記のように法律の中に記されることになった
のである（瀬畑　2011：109-121）。

決定過程の記録としての公文書の意義

　公文書管理法において，法令の制定や改廃等についての「経緯」，すなわち
政策の決定へと至る過程についての記録を残さなければならないと明記されて
いることは重要である。なぜならば，決定の「結果」である決裁文書のみでな
く，意思決定へと至った理由とそのプロセスが記録として残されることは，民
主政治にとって不可欠だからである。そのような記録が残っていれば，過去に
行われた決定について，どのような責任が，だれにあるのかが明らかになる。
また，決定が失敗した場合には，それがどのような経緯で行われたのかを，次
世代の人びとが検証することもできる。民主政治を担うのはけっして完全な存
在ではない人間であり，失敗も当然に生じる。その失敗をできる限り繰り返さ
ないようにするための工夫の一つが，政策決定の過程について記録を残すこと
なのである（岡田　2019：22-23）。行政機関は自らの行動について説明し，それ
を正当化する義務を政治家と有権者に対して果たさなければならない。決定過
程の記録を残すことは，行政機関のアカウンタビリティ（説明責任）を確保す
るためにも必要なのである。

文書作成後の管理手続き

　公文書管理法での文書が作成された後の手続きに話を進めよう。作成された文書については，行政機関の長は当該文書を分類して名称を付した上で，保存期間及び保存期間の満了する日を設定しなければならない（第5条第1項）。さらに，行政機関の長は保存期間の満了日まで，適切な保存及び利用を確保するための措置をとらなければならないとされている（第6条第1項）。保存期間が満了した文書は，国立公文書館等に移管されるか，あるいは廃棄される。行政機関による恣意的な廃棄を避けるために，廃棄する場合には，内閣総理大臣との協議とその同意が必要となる。同意が得られなければ，行政機関の長は再び保存期間及び保存期間の満了する日を設定することとなる（第8条第2項）。また，内閣総理大臣が特に保存の必要があると認めた場合には，内閣総理大臣は行政機関の長に対して，廃棄の措置をとらないように求めることができる（第8条第4項）。このような第8条第2項および第4項の規定は，当初の公文書管理法案に対して衆議院内閣委員会で修正が行われたことによって追加されたものである（宇賀 2015：101-108）。

民主政治における公文書

　前述のように，公文書が適切に国立公文書館等で保管され，さらに公開されることは，民主政治にとって重要である。それとともに，公文書の保管と公開は，政策研究の発展にも寄与すると考えられる。政策を扱う学問分野の一つである公共政策学の研究領域には，「in の知識（knowledge in process）」と「of の知識（knowledge of process）」の2つがある（秋吉 2017）（「in の知識」と「of の知識」については，第8章第3節も参照のこと）。「in の知識」とは，政策の決定を行うために利用される知識を指す。政策の対象がどのようになっているかについての知識，施策がどれだけ効果があるかについて分析を行った結果，政策の内容を具体的に法律の形にしていくための技術などが in の知識である。これに対し，「of の知識」とは，「政策のプロセスの構造と動態に関する知識」である（秋吉 2017：28）。具体的には，政策が「どのように」作成・決定され，さ

らに実施されるのかについての知識のことをいう。前述したように，公文書管理法は行政機関の職員に対して，法令の制定・改廃の過程や行政機関の長による会議等における決定およびそのプロセスが明らかとなるように文書を作成することを義務づけている。この政府による決定とそのプロセスについて記された文書は，「of の知識」を含むものとして捉えられる。実際の政策がどのようにつくられたかについて具体的に知ることは，政策の当事者・関係者以外ではむずかしい場合が多い。当事者・関係者が信頼できる記録を何らかの形で残してこそ，of の知識の蓄積が進んでいく[2]。

　また，政策決定の過程についての記録は，in の知識の利用についての内容を含むことがあるだろう。in の知識がどのように利用されたのか，あるいは利用されなかったのかを明らかにすることは，よりよい政策の形成にもつながっていく（秋吉 2017：31-32）。歴史研究では，公文書は重要な史料となる（中野目 2015）。行政学においては，「（行政——引用者注）文書は研究の最も基本に置かれる基礎的な資料」である（魚住 2014：249）。歴史研究者や行政学者のみならず，公共政策の研究者にとっても，公文書は重要な資料・データとなり得るのである。

公文書管理のあり方に影響を及ぼす要因

　2011年の公文書管理法の施行以降においても，公文書の管理を巡る問題は発生している。たとえば，政府の東日本大震災関連の会議において議事録が作成されていなかったことが判明した2012年のケースや，集団自衛権の閣議決定までのプロセスにおける政治家と官僚との接触についての記録が存在していないことが判明した2016年のケース，さらに，2017年以降に問題となった「森友学園問題」に関連して財務省職員による公文書の改ざんが行われたケースなどがある[3]。

　文書が作成されなかったり，作成されても適切に保管・管理されていなかったり，さらに廃棄されてしまったりするような問題が起こり続けるのはなぜなのか。一般的な説明としてよく挙げられるのは，政府職員の意識の問題である。

すなわち，日本の政府職員は公文書を適切に管理して説明責任を果たさなければならないという意識が希薄であることが，この問題の大きな原因であるという説明がしばしば行われてきた（前田 2018：63）。

　このような意識の低さが原因であることの可能性については，完全には否定できない。実際，政府では内閣府によって，各府省の統括文書責任者と副統括文書責任者等の管理責任を負うものを全員対象とする公文書に関するコンプライアンス意識の改革を促すための全体研修が2018年8月に実施されている（宇賀 2018）。意識が問題の一つであることを，政府自身も認識していることの表れとも考えられる。しかし，日本政府における政府職員の意識が本当に希薄なのか，たとえば他の国と比較して相対的に低いのかということについては十分に実証されているとはいえない。

「小さな政府」と公文書管理

　公文書の管理問題に関して前田健太郎が指摘するのは，いわばより構造的な要因の重要性である（前田 2018）。つまり，日本では人員や予算といった行政資源が不足していること，すなわち政府の規模が「小さい」ことが，公文書管理の充実を拒んできた要因であった。たとえば，公文書管理の業務にあたるスタッフの数は，他の先進国と比べて相対的に少ない。内閣府の国立公文書館の機能・施設の在り方等に関する調査検討会議による「国立公文書館の機能・施設の在り方に関する提言」（2015年3月）によると，日本の国立公文書館の職員は47人であるのに対し，アメリカでは2,720人，イギリスでは600人，そして韓国では340人となっている。日本の少なさは明らかである。

　このようになったのはなぜか。新自由主義の影響によって，1980年代以降は「小さな政府」を目的として，多くの国で行政改革が推進された。このような状況の中で，日本以外の上記の先進諸国が公文書管理に比較的多くの人員を割り当てることができたのは，小さな政府への取り組みが本格的になされる前に，そのための人員を確保できていたからである。それに対して日本では，公文書管理への体系的な取り組みが行われる前に行政改革が強力に推進された。その

ために，公文書管理業務に十分な人員を割り当てることが困難となったのである（前田 2018：63-64）。

公文書管理の業務にあたる職員の不足が引き起こしている問題の一つとして松岡資明は，公文書の国立公文書館等への移管率の低さを挙げている（松岡 2018）。すでに述べたように，保存期間が満了した文書は，国立公文書館等に移管されるか，あるいは廃棄されることになる。『平成29年度における公文書等の管理等の状況について』によれば，2017年度における国立公文書館等への移管率は0.4％であり，前年度の2016年度では0.4％，その前の2015年度では0.3％である。これらの数字は，他国と比較すると高いとはいえない。アメリカの移管率は2〜3％，イギリスでは約5％であり，諸先進国では2〜5％となっている。これについては，日本の政府関係者の中にも，移管率を諸先進国並に引き上げることが望ましいとの意見がある。

日本における公文書管理体制の問題点

日本でも，毎年度末に保存期が満了を迎える文書に対しては，その半年ほど前から国立公文書館・内閣府公文書管理課と行政機関との間で協議が行われて，各府省が廃棄を予定している文書のリストの中から歴史的に意味があると考えられるものを公文書館に移管するように促す作業が行われている。それにもかかわらず移管率が低くとどまっている大きな要因は，移管の是非の判断が基本的には行政機関に委ねられていることともに，職員が不足していることであると松岡は指摘する（松岡 2018）。上記作業で対象となるファイルの数は毎年200万にも達し，それらのチェックには職員は国立公文書館だけでなく内閣府公文書管理課の職員もあたっているが，その数は40人に満たない（松岡 2018：84）。

公文書管理業務を担当する職員数の少なさ自体は，もちろん問題である。さらにスタッフの拡充等を進める必要はある。だが，職員数等の行政資源の多寡と移管率の高低との関連については，必ずしも厳密に検証が行われてきたわけではない。そこで，公文書館への文書の移管率とまったく同一ではないが，きわめて類似した指標である文書の廃棄率に注目して，その高低に影響を及ぼす

要因を明らかにしようとした研究として原田久の研究がある[4]（原田 2013）。2016年度の廃棄率は75.0％，2015年度は62.3％，2014年度は69.7％，2013年度は62.4％であった。徐々に廃棄率は上昇しているように見えるが，それ以前の2012年度における91.0％，2011年度における92.5％と比較すると低い水準になってきているともいえる（なお，保存期間満了後に公文書館に移管もされず，廃棄もされていない文書は，公文書管理法第5条第4項に従って保存期間の延長がなされているものである）。保存期間が満了した行政文書ファイルの廃棄率については，国の行政機関によってバラツキがある。それがどのような要因によってもたらされているかを，統計分析の手法を用いて検証した原田（2013）によれば，情報公開法に基づく文書開示請求に対して，「文書不存在」を理由とする不開示決定を割合が高い行政機関ほど，文書の廃棄率が低くなるとの分析結果が示された（原田 2013）。「文書不存在」を理由とする不開示決定の割合が高ければ，外部から文書の管理が不適切であるとの批判が高まる。それへの対応として，文書管理の適正化が図られることが，このような結果を生み出したとの説明がなされている。

　その一方で，文書管理者一人あたり職員数は，廃棄率に影響を及ぼしているとはいえなかった。分析に用いたケース数が多くはないこと，行政機関ごとの性質の違い等の諸要因が考慮されていないなどの問題はあるが，データを用いて公文書管理に影響を及ぼす要因についての分析が試みられたことには大きな意義がある。このような実証分析が進められることによって，望ましい公文書管理の在り方を考える際の貴重な材料も提供されるからである。

「歴史的緊急事態」としての新型コロナウイルス感染症

　日本では，2020年初め頃から新型コロナウイルスへの感染が拡大していった。これに対して政府がとった諸対応を通じて，政府による情報の管理に関わる様々な問題が浮き彫りにされた。新型コロナウイルス感染症対策に係る手続きを進めるにあたって，行政のデジタル化が十分になされていなかったことは一つの例である（本書第3章第2節を参照のこと）。本章では，公文書管理と新型コ

── コラム②　地方政府における公文書管理 ──

　中央政府のみならず，地方政府においても公文書管理は業務の要である。公文書管理法では「地方公共団体は，この法律の趣旨にのっとり，その保有する文書の適正な管理に関して必要な施策を策定し，及びこれを実施するよう努めなければならない」と規定されている（第34条）。総務省自治行政局行政経営支援室による『公文書管理条例等の制定状況調査結果』では，2017年10月1日の調査時点で公文書管理のための条例を制定していた都道府県は5（全体の10.6%），政令指定都市では4（同20.0%）であった（ただし，同調査以降でも，2019年3月の山形県や同年同月の滋賀県など，新たに条例を制定している都道府県はある）。それに対して，本書第1章でも述べたように，情報公開条例についてはほとんどすべての自治体で制定済みである。

　ほとんどすべての自治体で情報公開条例が制定済みであるのに対し，公文書管理条例の制定が進んでいないのはなぜなのか（もっとも，条例ではなく，規則・規程・要綱などの形で公文書管理のルールを定めている地方政府は多い。「公文書管理条例等の制定状況調査結果」によれば，その割合は都道府県で85.1%，政令指定都市で75.0%，市区町村で92.0%となっている）。多賀谷一照は，地方自治体における文書管理の在り方が国のそれとは大きく異なること，そのために公文書管理法の内容を基にして条例を制定することが難しいことを理由として挙げる（多賀谷 2018）。たとえば，執行機関の多元主義がとられているために，地方自治体では取り扱われる文書の形態が多様となる。公安委員会や教育委員会などが扱う文書などは独自の形態をとっており，文書管理規程も執行機関ごとに定められるのが一般的である。それゆえ，公文書管理についての国の制度を，自治体に対してそのまま適用することは難しい。また，桑原英明は，すでに公文書館を設置していることが，公文書管理条例を制定する誘因を弱める一因になると指摘する（桑原 2020）。

　地方公務員の意識のあり方にも原因があるとするのは，早川和宏である（早川 2017）。地方公務員が職務上作成した文書は，住民等の利用に供される物，すなわち「公共用物」としての性質を有している。「公共用物」であるならば，その管理が行政の内部規範によって行われることは適切とはいえず，条例によって行われる方が望ましい。問題は，文書が「公共用物」ではなく，自治体自体の用に供する「公用物」であるとの意識が，地方公務員の中に強く根づいていることである。「公用物」であるならば，条例ではなく規程のような行政の内部規則によって管理することも正当化される。それに加えて，早川は，組織の文書管理においてはさして大きな問題は生じておらず，それについての条例を制定する必要はないという地方公務員の意識もまた，条例化を拒む要因の一つであると指摘している。その検証は，今後の研究課題の一つといえる（早川 2017）。

ロナウイルス感染症に関わる問題を取り上げる。

　公文書管理と新型コロナウイルス感染症との関連について，まず重要なことは，新型コロナウイルス感染症に係る事態が「歴史的緊急事態」に指定されたことである。「歴史的緊急事態」についてのルールは，元々は2011年の東日本大震災の際に設置された原子力災害対策本部の議事録が未作成であった問題への対応として作成されたものであった（瀬畑 2020）。当時の民主党政権の下で，2012年6月29日に「行政文書の管理に関するガイドライン」（以下「行政文書管理ガイドライン」）が改正された。そこでは，行政文書作成にあたっての留意事項として，歴史的に重要で，国民の生命や身体，財産に大規模かつ重大な被害を生じさせるような「歴史的緊急事態」については，決定等が行われる会議についての記録を残すことが求められるようになった。

　どのような状況が歴史的緊急事態にあたるかは，公文書管理を担当する大臣が閣議等の場で了解を得て判断することになっている。北村誠吾内閣府特命担当大臣（公文書管理担当：当時）は2020年3月10日に閣議での了承を得て，新型コロナウイルス感染症に係る事態が歴史的緊急事態に該当するとの判断を行った。歴史的緊急事態の指定が行われたのは，これが最初のケースである。

新型コロナウイルス感染症対策における公文書作成の問題

　新型コロナウイルス感染症に係る事態が「歴史的緊急事態」に指定されているにもかかわらず，新型コロナウイルス感染症対策関連組織の議事録が作成されていないケースがあることが問題となった。たとえば，「新型コロナウイルス感染症対策専門家会議」（2020年7月に廃止され「新型コロナウイルス感染症対策分科会」へと改組）や，「連絡会議」の議事録は作成されていなかったことが，マスメディアの報道等によって明らかにされた。

　その理由は，行政文書管理ガイドラインの内容自体にも求められる。そこでは，「歴史的緊急事態に対応する会議等における記録の作成の確保」について，会議の性格に応じて記録を作成するものとされている。具体的には，以下の通りとなる。

①　政策の決定又は了解を行う会議等：開催日時，開催場所，出席者，議題，
　　発言者及び発言内容を記載した議事の記録，決定又は了解を記録した文書，
　　配布資料等を作成
②　政策の決定又は了解を行わない会議等：活動期間，活動場所，チームの
　　構成員，その時々の活動の進捗状況や確認事項（共有された確認事項，確認
　　事項に対して構成員等が具体的に採った対応等）を記載した文書，配布資料等
　　を作成

　問題となるのは，ある会議が①に該当するのか，それとも②に該当するのか
の判断に，政府による解釈の余地が生じることである。ある会議が公式の「決
定あるいは了解を行う」ための場であったとしても，そこでの決定・了解は形
式的に権限を付与するための手続きに過ぎない場合がある。決定に係る実質的
な議論は，形式的な決定の権限を有しない別の会議で行われている可能性もあ
る。そうであるにもかかわらず，後者の会議が政府によって「政策の決定又は
了解を行わない会議」と判断された場合には，発言者及び発言内容を記載した
議事の記録は残されないことが起こり得る。

　たとえば，新型インフルエンザ等対策特別措置法の規定に基づいて2020年3
月26日に政府対策本部と位置づけられた新型コロナウイルス感染症対策本部
（本部長：内閣総理大臣）については，会議資料や議事の概要が公開されている。
しかし，会議の内容は形式的なものであることも多い。実質的な議論は連絡会
議（2020年9月の菅義偉政権では廃止状態）で行われていたが，議事録は作成され
ておらず，その議事概要には出席者の発言・やりとりは記載されていなかった
（瀬畑 2021：45）。

　すでに述べたように，公文書を作成し保管することの意義の一つは，政策決
定の過程を丹念に検証するための記録を残すことにある。その点で，政府関係
会議の議事録は特に重要な位置を占める。新型コロナ禍を奇貨として，政府関
連会議における議事録作成ルールの見直しについても社会的に議論を進めてい
く必要がある。

2　統計制度

国家と統計

「統計（statistics）」という用語は、「国家」あるいは「状態」を意味するラテン語の status という語に由来する。つまり、統計とは国家の状態についての知識である（竹内 2018：7）。本書第1章で述べたように、政府が統治を行うためには、国民や領土などがどのような状態になっているかを適切に知っておく必要がある。国家・政府の行動と統計は、もともと密接に結びついていた（フーコー 2004＝2007：391）。また、民主主義体制の下では、政府が政策を決定する際には、人びとに対して政策の必要性を説明することが必要となる。その説明材料として最も重要な情報資源の一つが統計なのである（砂原・手塚 2022：24-25.）

本章で主に取り上げるのは、国や地方自治体などの公的機関が作成する統計である。これは統計法に規定されている「公的統計」（第2条第3項「行政機関、地方公共団体又は独立行政法人等が作成する統計」）にあたる（以下「統計」）。

最初に、統計と政策との関わりについて論じようとする場合には、2つの捉え方があることに留意しておかねばならない。第一は「政策のための統計」である。これは、政策形成を行うために必要な材料としての統計に焦点をあてるものである。第二は、「統計のための政策」である。これは、統計を作成したり、それを利用したりするための政策に焦点をあてた捉え方である。本章では、主に「統計のための政策」についての説明を行う。なお、「政策のための統計」については、本書第5章で説明する。

統計機構の分類

政府において統計調査の実施が行われる仕組みを「統計機構」と呼ぶ。各国の統計機構は、「集中型」と「分散型」の2つに大別される。

集中型統計機構とは、特定の機関にあらゆる種類の統計調査の実施を集中さ

せる仕組みである。たとえば，農業関係の統計調査も，学校関係の統計調査も，ともに中央統計局にあたる機関が実施する。この型の国として，カナダ，オランダやオーストラリア等が挙げられる。また，ベトナムやインドネシアなども集中型に含まれる。

　それに対して，分散型統計機構では，各政府機関が自らの所管に関わる統計調査をそれぞれ実施する。イギリスやフランス，韓国，インドなどがその例である。日本の統計機構も，分散型に分類される。たとえば，農業関係の統計調査は基本的に農林水産省が実施し，学校関係の統計調査は文部科学省が実施することになる。

　集中型には，統計間の体系性や統合性が保たれやすくなるというメリットがある。一般的に，複数の機関がそれぞれ統計の作成を行うよりも，単一の機関によって作成が行われる方が，規格の統一化は容易である。対して分散型では，規格の統一化はより困難となる可能性が高い。

　また，分散型では同一の対象に対して同様の調査が複数回行われることによって，調査対象への負担は増加しやすい。総務省が2017年に日本の企業を対象として実施した「統計調査の負担感・重複感の実態に関する調査」によれば，国による統計調査について特に負担が大きい点は何かという質問に対して，最も回答割合の高かった理由は「国の統計調査間で調査事項の重複が多いこと」であった（総務省 2017a）。このような負担は，集中型では軽減されやすくなる。

　一方，集中型には，統計調査に係る各行政機関の多様なニーズに応えるのが難しくなるというデメリットがある。分散型ではそのような問題は発生しにくい。ただし，分散型では，統計の作成にあたる各組織において政策が先に決められた上で，それを正当化するために統計の利用が行われるといった問題が起こりやすくなる。この点について，集中型では政策と独立して数値が作成されるため，客観性は確保されやすい（砂原・手塚 2022：27-28）。

　もっとも，統計調査の実施主体が基本的に一つか，あるいは複数であるかという点が，これらのメリットおよびデメリットへと単純につながっていくわけではない。舟岡史雄は，調査の実施体制だけではなく，統計の企画・設計がど

こで行われるかということを統計機構の分類基準に加えている（舟岡 2012）。
様々な統計の企画・設計を特定の機関が集中して行っていれば，その仕組みは
集中的な性質を有する。それに対し，各政府機関が自らの所管に関わる統計調
査の企画・設計を行っている場合は分散的であると見なし得る。統計調査が分
散的に実施されると上記のような調査の重複の問題が起こりやすくなるが，
様々な統計調査の企画を特定の機関が一手に担っているならば，そのような問
題の発生は防ぎやすい。逆に，統計調査の実施が集中的であっても，企画が分
散的になされていると調査の重複は起こりやすくなる。

日本の統計機構

「統計調査の実施」についての「集中的・分散的」という基準と，「統計調査
の企画」についての「集中的・分散的」という基準とを組み合わせると，以下
のような 4 つの統計機構の類型が出来上がる。

① 「実施集中・企画集中型」
② 「実施集中・企画分散型」
③ 「実施分散・企画集中型」
④ 「実施分散・企画分散型」

　これらの 4 つの類型の中では，上で示したような分散型のデメリットは実施
分散・企画分散型において最も現れやすくなる。そして日本は，この「実施分
散・企画分散型」に分類されている（舟岡 2008：155-157）。
　日本の統計機構が分散的となったのはいつ頃からか，そしてその理由は何な
のか。1868年の明治維新以降，近代国家形成のためには基礎的情報が必要であ
るとの認識をもって，政府はその収集に取り組み始めた。日本で最初に政府の
統計機関として設置されたのは大蔵省の統計司（1871年 7 月27日）である。統計
司は翌月に統計寮と改められ，歳入・歳出や戸口（戸数と人口），物産などに関
わる統計を扱うようになった。さらに，同年12月28日には，太政官正院に政表

課が設置され，統計年鑑の前身にあたる『日本政表』の作成にあたるように
なった。このように，大蔵省統計寮と太政官正院政表課の２つが設置され，明
治初期における統計機構の体制がこれらの組織の流れをくんでいることが，分
散型統計機構の基本的な性格を形成したとの指摘がある（竹内編集代表 1989：
828）。出生・死亡や農務などに関わる統計を各省がそれぞれ作成する体制がつ
くられていく中で，これら２つの組織の間で権限をめぐる争いが発生し，どち
らも中央統計機関としての役割を果たすことができず，統計間の調整も十分に
行われなかった。その後，太政官正院政表課が1885年に内閣統計局に発展した
り，1920年に中央統計委員会が設置（1940年に廃止）されたりするなどの制度
変更がたびたび行われたものの，分散型の性格には大きな変化はなかったので
ある。

日本における統計制度の見直し

　一般的には，統計機構は集中型である方が分散型であるよりも利点が多いと
考えられている。これまで分散型であった国においても，1990年代以降に統計
関連組織の再編・統合によって集中的な性質を強めようとする動きが見られる。
イギリスや韓国，フィリピンなどがその例である。一方，川崎茂によれば，集
中型から分散型への移行を試みた例は「皆無」である（川崎 2019：238）。

　日本でも，統計機構の集中性を高めようとする試みは，これまでにもなされ
てきた。前述の中央統計委員会の設置もその一つである。だが，総合調整機関
としての役割を期待されて原敬内閣時に発足した同委員会は，当初は一定の調
整機能を果たしたものの，徐々に所掌範囲は制限されていき，最終的に廃止さ
れた。第２次世界大戦中には，各省庁・部局がばらばらに統計作成を行ったこ
とで，統計報告の正確性に関わる問題がしばしば発生した。内閣統計局長で
あった川島孝彦は統計機構の一元化を求める近衛文麿首相宛の意見書を1940年
に，東條英機首相宛の意見書を1942年にそれぞれ提出したが，政府中枢部から
は反応を得られなかった（島村 2008：179-181，256-259）。

　第２次世界大戦後は連合国総司令部（GHQ）の後押しもあり，統計機構の改

革が進められた。その代表的な成果は，1946年の統計委員会の設置と1947年の統計法の公布制定である。だが，前者の統計委員会は，各省庁に対して強い統制権限を有せず，「中央統計局」とはなり得なかった。後者の統計法も，従来の分散型機構の枠組みを大きく変えるものではなかった。統計機構の集中性を高めるべく統計法の改正が1949年に行われたものの，十分な成果を挙げることはできなかった。統計機構の集中化による自らの権限縮小を阻止しようとした各省庁による強い働きかけが，このような結果をもたらした主たる原因である。⁽⁵⁾

3　日本の統計制度

2007年統計法の全面改正

　日本における統計制度の枠組みは統計法によって定められている。同法は1947年5月に施行され，2007年に全面的に改正された。同時に，統計法とともに統計制度の根幹の一つをなしてきた統計報告調整法は廃止され，その内容は改正統計法に吸収された。

　改正についての動きが具体化したきっかけの一つは，経済財政諮問会議において議員の1人によってなされた統計制度見直しについての指摘である。⁽⁶⁾これによって政府による検討が始められ，2004年6月4日に閣議決定された「経済財政運営と構造改革に関する基本方針2004」（いわゆる「骨太の方針」）には，時代の変化に対応する形で国・地方自治体についての情報の収集と提供を行うためには，既存の統計を抜本的に見直す必要があるとの内容が含まれることになった。

　2004年11月には，社会統計整備推進委員会が内閣府に設置された。同委員会は2005年6月10日に「政府統計の構造改革に向けて」と題された報告書を提出した。その中では，統計を公共財として位置づけることや，加工統計を含めた統計体系の整備とともに，分散型統計機構の問題点を解消するために，政府内部での「司令塔」機能を強化することが必要と指摘された。同年6月21日に発表された「経済財政運営と構造改革に関する基本方針2005」（「骨太の方針2005」）

でも，司令塔機能を強化するために統計法改正が必要であることが明記されている。これらの動きを受ける形で，内閣府に統計制度改革検討委員会が設置されて，同委員会による『報告』が2006年6月に発表されることになった。そこでも，司令塔機能の強化は強調されている。2007年における統計法の全面改正は，これらの動きの帰結といえる。

新統計法の特徴（1）──統計区分の変更

新統計法は，公的統計を「国民にとって合理的な意思決定を行うための基盤となる重要な情報」と位置づける（第1条）。このことは，「行政のための統計」から「社会の情報基盤としての統計」へと転換を図ったという点で大きな意義をもつ。

新統計法の特徴について，特に制度面に焦点をあてて説明を行うこととする。第一の特徴としては，統計区分の変更が行われたことが挙げられる。それまでの「指定統計」「届出統計」「承認統計」の3つの統計区分は，「基幹統計」と「一般統計」の2つの区分へと変更された。

基幹統計とは，行政機関が作成する統計のうち特に重要性が高いと考えられるものである。第1章第2節でも説明したように，基幹統計では報告拒否などに対しては罰金を科すなどして，強い権力の行使を伴う情報収集を行うことが可能になっている（ただし，2022年8月時点で罰則が適用された例はない）。

基幹統計の中でも，「国勢統計」と「国民経済計算」については，新統計法において，それぞれ個別の条項が設けられている（第5条及び第6条）。

国勢統計とは，日本に常住するすべての人（外国人を含む）とその世帯についての実態に関する統計である。それを作成するための調査が「国勢調査」であり，10年ごと（質問数の少ない簡易な調査は，その調査の実施の5年後に実施）に実施される。世論調査のように，調査対象となる集団（たとえば「有権者」など）からその一部を標本（サンプル）として取り出して調査を行う標本調査ではなく，集団のすべてを対象として実施する全数調査（悉皆調査）であることが特徴の一つである。

　国勢調査の結果は，国の基盤である人口についての最も基本的なデータとなる。それは，国や地方自治体における様々な政策の形成や実施のための基礎的なデータとしても用いられている。たとえば，地方自治体への地方交付税の交付額の算定手続き（地方交付税法第12条）や，衆議院議員選挙の小選挙区の区割りの見直し（衆議院議員選挙区画定審議会設置法第3条）については，最近の国勢調査による人口を用いて行うことが法律により定められている。

　国民経済計算とは，国全体の経済の状況を体系的に記録することを目的とする統計である。それは，速報性を重視する「四半期別 GDP 速報」と「国民経済計算年次推計」の2つからなっており，国際連合が定める国際基準（SNA）に準拠して作成されているため国際比較も可能となっている。

　前述の国勢統計と国民経済計算に加えて，「全国的な政策を企画立案し，又はこれを実施する上において特に重要な統計」「民間における意思決定又は研究活動のために広く利用されると見込まれる統計」「国際条約又は国際機関が作成する計画において作成が求められている統計その他国際比較を行う上において特に重要な統計」のいずれかに該当するものとして総務大臣が指定する統計が基幹統計とされている（第2条第4項）。旧統計法の下での指定統計の多くは，基幹統計に移行された。2022年3月17日時点で，基幹統計の合計数は53となっている。

　もう一つの区分の一般統計とは，行政機関が行う統計調査のうち基幹統計調査以外のものをいう（第2条第7項）。なお，統計調査には，人びとの意見や意識などの事実に該当しない項目についての調査，たとえば世論調査などは含まれない。

　基幹統計と一般統計のいずれにおいても，調査を行う場合には総務大臣の承認を受けなければならない。この点で，新統計法と旧統計法との間には違いがある。実施に際して総務大臣の「承認」を得なければならなかったことについては，旧統計法下の指定統計でも同様であった。しかし，それ以外の統計については，総務大臣に「届け出なければならない」ことになっていた。

新統計法の特徴（2）──統計委員会の設置

　新統計法の第二の特徴としては，それまでの統計審議会が廃止されて，内閣府（2016年に総務省に移管）に統計委員会が設置されたことが挙げられる（第44条）。委員定数は13人とされている。

　前述のように，基幹統計の指定と実施の承認は総務大臣が行う。その際には統計委員会の意見を聴かなければならないことが，法律上で規定されている（第7条第1項及び第9条第4項）。旧統計法での指定統計についても，総務大臣が指定と承認を行う場合には統計審議会の意見を聴かなければならないとされていたが，その規定は施行令に置かれていた。新統計法では法律で規定することで，統計委員会の意見聴取手続への拘束性がより高められている（松井2012：119）。

　加えて，公的統計の整備に関する基本的な計画（以下「基本計画」）の作成についても，統計委員会は関わりをもつ。「基本計画」とは，「公的統計の整備に関する施策の総合的かつ計画的な推進を図る」ことを目的とし，そのための基本的な方針や政府が講ずべき施策などについて定めるものである[7]（第4条第1項，第2項）。基本計画は，総務大臣がその案を作成する。案の作成にあたっては，総務大臣は統計委員会の意見を聴かなければならないことが新統計法によって規定されている（第4条第4項）。決定については，閣議決定が求められている。

　また，総務大臣は，新統計法の施行状況についての行政機関の長や地方公共団体の長等からの報告を取りまとめて，統計委員会に報告せねばならない（第55条第2項）。さらに，その報告を評価・検証して，統計委員会は内閣総理大臣，総務大臣又は関係行政機関の長に対して，新統計法の施行に関して改善意見等を述べることもできる（第55条第3項）。以前の統計審議会と比較して，統計委員会の機能は，制度的には大幅に拡充された（宇賀2009：38）。なお，統計委員会は2016年4月に，内閣府から総務省へ移管された。それに伴って，個別統計の問題だけではなく様々な統計に横断的に関わる問題に対処することを目的として，横断的課題検討部会が統計委員会に設置されている（西村・山澤・肥後

2020：23)。

統計制度における「司令塔」

　新統計法の枠組みにおいては，総務大臣と統計委員会が連携して司令塔的な役割を果たすことが期待されている。それでは，その「司令塔」の機能によって，分散型統計機構の問題点は実際にどれだけ解消されたのか。2017年5月に出された統計改革推進会議による「最終取りまとめ」は，未だに分散型統計機構がもたらす縦割りの弊害は除去されていないと指摘する（統計改革推進会議2017)。たとえば，統一的な考え方に基づいた統計の企画立案が十分になされていないこと，また異なる統計間の相互比較可能性を向上させるための取り組みが不徹底であることといったことが問題点として挙げられている。さらに，同「最終取りまとめ」は，統計委員会の調整機能を抜本的に強化すること，また各府省の統計部門を統計委員会の下で系統化することなどの対応を求めている。

　これらを受けて，2018年の統計法改正では統計委員会の機能強化が図られた。具体的には，統計委員会は上述の「基本計画」の実施状況を調査審議して，必要がある場合には総務大臣または総務大臣を通じて関係行政機関の長に勧告することができるようになった（第4条第7項)。総務大臣または関係行政機関の長は，勧告に基づいて講じた施策について統計委員会に報告しなければならない（第4条第8項)。

　もっとも，新統計法体制への移行や統計委員会のさらなる機能強化が，どのような影響を及ぼしたかについては，より厳密な検証が今後もなされなければならない。新統計法下でも，政府の統計をめぐって，その信頼性を揺るがせるような問題は発生している。2018年には，厚生労働省が実施する毎月勤労統計（基幹統計であり，賃金，労働時間及び雇用の変動を明らかにすることが目的）作成のための調査が，適切な方法でなされていなかったことが明らかになった。また，2021年には，同じく基幹統計の一つである建設工事受注動態統計（建設業の受注実績を表す）の作成過程で，国土交通省がデータの書き換えや二重計上をし

ていた問題が発覚した。

　このような問題の主な原因を，統計の作成にあたる行政機関への，政治家の影響力の強さに求める見方もある（明石 2019）。また，佐藤正広は，第2次世界大戦以前から続く分散型の統計制度の存在が，自らの管轄範囲にある統計を「私物」と見なすような意識を中央府省庁の当事者の中に作り上げてきたことが問題であると指摘して，より構造的な要因への注目を促している（佐藤 2020）。

　2018年に閣議決定された第Ⅲ期の公的統計の整備に関する基本計画では，公的統計を「『証拠に基づく政策立案』（Evidence-Based Policy Making）を支える基礎」と位置づけた上で，政策評価において統計が果たす役割の重要性が強調されている。統計制度の変更自体についても，その影響や効果についての検証が「証拠」に基づいて行われなければならない。その検証を行うこと，さらに，得られた結果に基づいて望ましい統計制度の在り方をめぐる議論に対して貢献を行っていくことは，統計学研究者のみならず政策研究者にとっての課題でもある。

注

(1)　公文書管理法第9条，第12条，第26条によって，行政機関の長，独立行政法人等及び国立公文書館等の長は，内閣総理大臣に対して行政文書等の管理状況を毎年度報告し，報告を受けた内閣総理大臣はその概要を公表することになっている（内閣府 2019b）。

(2)　政策決定の当事者・関係者から聞き取りを行った記録を研究に活用するために用いられる「オーラル・ヒストリー」の手法もまた，「of の知識」を蓄積するための重要な手法の一つである。オーラル・ヒストリーの方法とその利用については，御厨編（2019）を参照のこと。

(3)　このような問題への具体的対応の1つとして，2017年12月26日には「行政文書の管理に関するガイドライン」が改正されている。そこでは，文書の保存期間を1年未満とすることについて，扱いの基準を設けることにより裁量が制限されるような措置が執られた。それまでは，保存期間1年未満の文書についての具体的な取扱

　ルールはなかった。そのため，外部に知られることなく廃棄されてしまうという問題も生じる可能性があった。ガイドラインの改正内容に沿って改訂された各行政機関の行政文書管理規則は，2018年4月1日から施行された。

⑷　本文中で述べたように，2017年度における国立公文書館等への移管率は，0.4％である。それに対し，保存期間が満了した文書の同年度における廃棄率は85.1％となっている（内閣府 2019b）。

⑸　統計委員会の設置および1949年の統計法改正をめぐって，分散型統計の枠組みを死守しようとする省庁の動きについては，伊藤（2003：91-101，131-139）を参照のこと。もっとも，分散型から集中型への移行においては，本文で述べたような政治的な要因だけが問題となるわけではない。膨大なデータの統計処理の問題，組織的な問題，各統計で用いられてきた用語を統一することの難しさなど，集中型統計機構への移行作業自体には様々な困難が含まれている（折橋 2012：34-35）。

⑹　2007年の統計法改正へと至る一連の動きについては，北田（2007）および松井（2012）を参照のこと。

⑺　基本計画は，おおむね5年ごとに変更することと規定されている。2018年3月6日には，第Ⅲ期基本計画が閣議決定された。なお，同計画案の作成に関しては，本書第1章で説明したパブリック・コメント制度による意見募集が行われている。2018年1月11日から2月9日までの間に寄せられた意見は延べ69件であった。意見の概要とそれらへの政府の考え方が，総務省のウェブサイトで公開されている（総務省 2018）。

引用・参考文献

明石順平（2019）『国家の統計破壊』集英社。

秋吉貴雄（2017）『入門公共政策学——社会問題を解決する「新しい知」』中央公論新社。

ウェーバー，マックス（2012〔1947〕）『権力と支配』濱嶋朗訳，講談社。

伊藤正次（2003）『日本型行政委員会制度の形成』東京大学出版会。

魚住弘久（2014）「行政文書・文書管理・行政研究のクロスロード」『熊本法学』130：249-498。

宇賀克也（2009）「全面施行された新統計法と基本計画『ジュリスト』（1381）：28-41。

―――（2015）『逐条解説——公文書等の管理に関する法律』（第3版）第一法規。

―――（2018）「情報公開と公文書管理」『Research　Bureau　論究』15：17-25。

岡田憲治（2019）『なぜリベラルは敗け続けるのか』集英社インターナショナル。

金井利之（2018）『行政学講義――日本官僚制を解剖する』筑摩書房。

内閣府（2015）「国立公文書館の機能・施設の在り方に関する提言（平成26年度調査報告）」（2022年10月12日アクセス，https://www8.cao.go.jp/chosei/koubun/kentou/26teigen-honbun1.pdf）。

折橋洋介（2012）「統計調査と情報行政法に関する一考察」『季刊行政管理研究』140：33-41。

川崎茂（2019）「統計制度の国際比較――日本の統計の特徴と課題」国友直人・山本拓編『統計と日本社会――データサイエンス時代の展開』東京大学出版会，237-251。

北田祐幸（2007）「日本の新統計法」『統計』（11）：2-8。

桑原英明（2020）「地方自治体の公文書管理制度の現状と課題」『年報行政研究』55：64-78。

佐藤正広（2020）「『統計不信問題』から日本の統計史を考える」『現代思想』48（12）：31-43。

島村史郎（2008）『日本統計発達史』日本統計協会。

新藤宗幸（2019）『官僚制と公文書――改竄，捏造，忖度の背景』筑摩書房。

砂原庸介・手塚洋輔（2022）『新訂　公共政策』放送大学教育振興会。

瀬畑源（2011）『公文書をつかう』青弓社。

―――（2020）「公文書管理法における『歴史的緊急事態』」『時の法令』（2096）：70-74。

―――（2021）「公文書管理・情報公開からみる政治――新型コロナウイルス感染症関連会議の議事録問題」『法律時報』93（12）：42-48。

総務省（2017a）「統計調査の負担感・重複感の実態に関する調査（実施結果）」（2022年10月12日アクセス，https://www.soumu.go.jp/main_content/000464877.pdf）。

総務省（2017b）『公文書管理条例等の制定状況調査結果』（2022年10月12日アクセス，http://www.soumu.go.jp/main_content/000542521.pdf）。

総務省（2018）「公的統計の整備に関する基本的な計画」の変更（案）に関する意見募集（パブリックコメント）の結果」（2022年10月12日アクセス，https://www.soumu.go.jp/main_content/000536820.pdf）。

多賀谷一照（2018）「地方自治体と文書管理体制」『自治実務セミナー』（9）：2-7。

竹内啓編集代表（1989）『統計学事典』東洋経済新報社。

竹内啓（2018）『歴史と統計学――人・時代・思想』日本経済新聞社。

統計改革推進会議（2017）「統計改革推進会議最終取りまとめ」（2022年10月12日アクセス，https://www.kantei.go.jp/jp/singi/toukeikaikaku/pdf/saishu_honbun.pdf）。

内閣府（2019a）「行政文書の電子的管理についての基本的な方針」（2022年10月12日アクセス，https://www8.cao.go.jp/chosei/koubun/hourei/kihonntekihousin.pdf）。

内閣府（2019b）「平成29年度における公文書等の管理等の状況について」（2022年10月12日アクセス，https://www8.cao.go.jp/chosei/koubun/houkoku/heisei29nendo_houkoku.pdf）。

中野目徹（2015）『公文書管理とアーカイブズ――史料としての公文書』岩田書院。

西村清彦・山澤成康・肥後雅博（2020）『統計危機と改革――システム劣化からの復活』日本経済新聞出版。

早川和宏（2017）「これからの自治体公文書管理」『都市問題』108(11)：36-43。

原田久（2013）「公文書管理制度の実証研究」『立教法学』88：1-17。

―――（2019）「分散型統計機構の信頼性」『季刊行政管理研究』(165)：4-15。

フーコー，ミシェル（2007〔2004〕）『安全・領土・人口――コレージュ・ド・フランス講義　1977-1978年度』高桑和己訳，筑摩書房。

舟岡史雄（2008）「各国の統計法制度とわが国の統計改革」国友直人・山本拓編『21世紀の統計科学Ⅰ――社会・経済の統計科学』東京大学出版会，147-170。

前田健太郎（2018）「『小さな政府』と公文書管理」『現代思想』46(10)：62-67。

松井望（2012）「統計制度――『司令塔』の設計と『省庁共同体』の持続」森田朗・金井利之編『政策変容と制度設計――政界・省庁再編後の行政』ミネルヴァ書房，103-129。

松岡資明（2018）『公文書問題と日本の病理』平凡社。

御厨貴編（2019）『オーラル・ヒストリーに何ができるか――作り方から使い方まで』岩波書店。

■　　■　　■

読書案内

ミュラー，ジェリー・Z.『測りすぎ――なぜパフォーマンス評価は失敗するのか？』松本裕訳，みすず書房，2019年。

数値化された情報への執着は，政府や大学，医療などに悪影響を及ぼすこともある

と警鐘する書。

毎日新聞取材班『公文書危機——闇に葬られた記録』毎日新聞出版，2020年。
　公文書管理に対する政治からの様々な影響と，それが引き起こす問題を扱ったノンフィクション。

レイ，オリヴィエ『統計の歴史』原俊彦監修・池畑奈央子訳，原書房，2020年。
　統計はまず政治や経済の分野で始まり，自然科学にも広まった。社会との関係を中心に統計の歴史を描いた本。

練習問題

① 自分の住んでいる都道府県や市町村のウェブサイトで，どのような統計情報が提供されているかを確かめてみよう。さらに，他の自治体（たとえば近隣の自治体や人口規模が同じぐらいの自治体，あるいは規模がまったく違う自治体など）のウェブサイトにもアクセスしてみて，提供されている情報の違いや情報の入手のしやすさなどを比較してみよう。

② 自分の住んでいる都道府県や市町村が，公文書の管理についての条例を制定しているかどうかを確かめてみよう。制定されている場合は，その内容も調べよう。未制定の場合には，公文書の管理について，どのようなルール（規則や規程，要綱など）が定められているかを調べてみよう。

（岡本哲和）

第3章

政府のデジタル化と政策

―― この章で学ぶこと ――

　本章のテーマは，「政府のデジタル化」である。まず，このテーマに関連する用語として，「電子政府」「デジタル・ガバメント」「デジタル・トランスフォーメーション」等の意味や，それらの使われ方について説明する。その上で，日本における政府のデジタル化に主たる焦点を合わせて，その推進に向けて①どのような法律，計画，あるいはガイドライン等が作成されてきたのか，②どのような組織やポストが設置されてきたのか，について説明を加える。

　①については，1994年の「行政情報化推進基本計画」から2021年の「デジタル社会形成基本法」に至るまでの，主要な法律等を取り上げる。②については，デジタル化の推進において，いわゆる「司令塔」の機能を果たすことを期待されてきた組織及びポストに焦点をあてる。1990年代半ば頃から始まり，2021年のデジタル庁設置に至るまでの流れを概観する。

1　「政府のデジタル化」とは何か

「デジタル化」の意味

　「デジタル化」とは，狭い意味ではアナログ形式の情報をデジタル形式に変換することを意味する。手書きのメモをスキャンして，パソコンやスマートフォンで使えるようにすることなどがその例である。それに対し，「政府のデジタル化」という用語は，一般的にはもっと広い意味で用いられる。すなわち，サービスの提供や行政手続き等の政府業務において，情報通信技術（ICT）が積極的に活用されるようになること（あるいは，そのようにすること）を指す場合が多い。なお，同じような意味でよく使われる用語として，「情報化」があ

る。本章でも政府の「デジタル化」と「情報化」とを特に区別せず，同じ意味
の用語として扱う。

電子政府（e-government）

　前述のような意味での「政府のデジタル化」は，これまで他の用語によって
も表現されてきた。なかでも，「電子政府（e-government）」という用語は国際
的にもよく用いられる。たとえば，各国政府における電子化の進捗度について，
国連の経済社会局によって2001年から毎年発表されているランキングは「"E-
Government（電子政府）"ランキング」と呼ばれている。また，連邦政府の電
子化をより一層推進することを目的として，アメリカで2002年に制定された法
律は"The E-Government Act（電子政府法）"という名称である。

　日本政府の公式文書において「電子政府」という語が最初に用いられたのは，
1997年の「行政情報化推進基本計画」（改定版。1997年12月20日閣議決定）におい
てであった。そこでは，紙による情報の管理から電子化された情報の管理へと
移行することによって，21世紀初頭に「電子政府の実現」を目指すことが「計
画目標」として掲げられている。また，2003年7月には，「予算効率の高い簡
素な政府を目指す」とともに，「利用者本位の行政サービスの提供」を目標と
して含んだ「電子政府構築計画」が，各府省情報化統括責任者（CIO）連絡会
議で決定されている（2004年6月に一部改定。なお，CIOについては後述する）。

　なお，「電子政府」に加えて，「電子行政」「デジタル政府」などといった用
語も，日本政府の方針や計画等において用いられてきた。たとえば，日本が情
報通信技術の利用における最先端の国となることを目指すために2013年1月に
閣議決定された「世界最先端IT国家創造宣言」（2014年と2015年に改定）では，
「電子行政」という用語が用いられている。政府においては，「電子政府」と
「電子行政」は，さほど厳密には区別されてこなかった。もっとも上村進は，
国だけでなく地方自治体の情報化をも含むという点で，「電子行政」の方がよ
り広い意味で用いられる傾向があったと指摘している（上村 2010）。

デジタル・ガバメント

2010年代半ばから，日本政府によって比較的よく用いられるようになってきた用語として「デジタル・ガバメント」がある。

2017年5月には，「デジタル・ガバメント推進方針」と題された政府のデジタル化についての方針が，高度情報通信ネットワーク社会推進戦略本部・官民データ活用推進戦略会議によって決定されている。政府が「デジタル・ガバメント」という用語を使い始めたのは，ここからであると奥村は指摘している（奥村 2021：15）。同方針の中では，「デジタル・ガバメント」の意味について，「サービス，プラットフォーム，ガバナンスといった電子行政に関する全てのレイヤーがデジタル社会に対応した形に変革された状態」を指すと説明されている[1]（高度情報通信ネットワーク社会推進戦略本部 2017）。この説明の中にある「デジタル社会」とは，社会の仕組みや在り方をより良い方向に変えていくために，デジタル技術が重要なツールとして用いられるような社会を指している。

2018年1月に閣議決定された「デジタル・ガバメント実行計画」（2020年12月に改定。2021年12月に廃止）でも，政府のデジタル化を目指す計画のタイトルに「デジタル・ガバメント」という用語が用いられている。同計画によれば，単に情報ネットワークを整備したり，既存の手続き等をオンライン化したりすることがデジタル・ガバメントの目的なのではない。その本来の目的は，国民や企業があらたな価値を創造するための一助となるような行政サービスを，デジタル化を通じて効果的に提供できるようにすることにある（eガバメント閣僚会議 2018）。社会に何らかの望ましい変化をもたらすことをデジタル化の目的として捉える考え方は，後に触れる「デジタル・トランスフォーメーション」にもつながっている。また，国と地方自治体のデジタル化を推進することを目的として2014年6月に高度情報通信ネットワーク社会推進戦略本部の下に設置された「eガバメント閣僚会議」は，2018年6月にその名称を「デジタル・ガバメント閣僚会議」へと変更している。

ところで，前述の「デジタル・ガバメント推進方針」におけるデジタル・ガバメントの意味についての説明には，「電子行政」という用語が用いられてい

る。同方針では，この用語は22回用いられている。また，後に触れる「デジタル庁」が2021年9月1日に発足するまでは，総務省のウェブサイト上の「国の行政制度・運営」のメニューにおける項目タイトルとして，「電子政府」の表現が用いられていた。このように，これまでのところ政府内においては，複数の用語が政府のデジタル化を表すものとして使われてきた。

デジタル・トランスフォーメーション（DX）

2020年以降，政府のデジタル化に関連してよく用いられるようになった用語に「デジタル・トランスフォーメーション」がある。『日本経済新聞』の記事中に，最初に「デジタル・トランスフォーメーション」という用語が現れたのは，2015年11月12日の朝刊であった（筆者による日経テレコンでの検索結果による）。その後，この用語を含む『日本経済新聞』の記事件数は2016年と2017年にはそれぞれ16件，2018年には30件，2019年には67件と徐々に増えてはいるが，比較的少数に留まっていた。しかし，2020年には432件と一気に増加し，2021年では680件にもなっている。

「デジタル・トランスフォーメーション（digital transformation：DX）」とは，元々はエリック・ストルターマン（Erik Stolterman）とアンナ・クルーン・フォルス（Anna Croon Fors）の2人が2004年に提唱した概念であり，「人間生活のあらゆる面において，デジタル技術が引き起こす変化もしくは影響を及ぼす変化を意味する（Stolterman and Fors 2004：689）」。すでに指摘したように，DXは単に既存の手続きをデジタル化することだけを意味するのではない。そこで重視されるのは，デジタル化によって何らかの望ましい結果がもたらされたかどうかである。政府がDXを重視するのは，社会をより良い方向に向かわせるための手段となるからである。

政府は次のような形でDXと関わりをもつ。第一は，民間部門におけるDXを政府が支援することである。たとえば，「経済財政運営と改革の基本方針2021」（骨太の方針2021）では「民間部門におけるDXの加速」という項目において，DXの基盤となる第5世代移動通信システム（5G）の整備計画を，政府

が税制支援を通じて加速することの必要性が指摘されている（内閣府 2021）。

　第2は，政府自体のDXを促進することである。これに関し，総務省は2020年12月25日に，「自治体デジタル・トランスフォーメーション（DX）推進計画」を策定した。同計画の中では「自治体のDX」についての定義はなされていないが，菅原直敏はそれを「自治体と住民等がデジタル技術も活用して，住民本位の行政・地域・社会を再構成するプロセス」と定義している（菅原 2021：31）。この定義における「自治体」を「（中央）政府」に，「住民」を「国民」に，そして「地域」を「国」にそれぞれ置き換えると，「国（政府）のDX」の定義にもなり得る。また，一般社団法人行政情報システム研究所は政府のDXを，より広くシンプルに「供給者の視点からではなく，受益者の視点からサービスを開発・運用すること」と捉えている（行政システム研究所 2021：5）。

　後に触れるが，2021年9月に発足したデジタル庁は，政府におけるDX推進体制の中心的存在と位置づけられている。

2　デジタル化推進のための政府による施策

政府によるデジタル化の推進

　日本でも，政府が情報をどのように取り扱うかに関する数々の方針や法律，計画，あるいはガイドライン等が作成されてきた。1990年代以降では，特に電子化された情報（以下「電子情報」あるいは「デジタル情報」。ここでは，「電子情報」と「デジタル情報」をほぼ同じものとして取り扱う）の取扱に関わる計画やガイドライン等が多く策定されるようになってきている。紙幅の関係で，特に重要なものを取り上げて説明する。[3]

行政情報化推進基本計画

　政府全体における電子情報の取扱いに関する初期の計画としては，すでに述べた「行政情報化推進基本計画」（閣議決定は1994年12月25日。1997年12月に改定）

がある。上村は同計画の策定をもって，日本における本格的な電子政府化への取り組みが始まったと指摘する（上村 2011：48）。5 カ年の計画である同計画では，「行政の情報化」が紙媒体の情報を電子情報へと移行させることにより行政サービスの向上を図るためのものであると捉えられている（大塚 2001）。

高度情報通信ネットワーク社会形成基本法

　行政情報化推進基本計画以降の電子政府に関わる計画等について，特に重要な位置を占めたのは，2000年11月に成立し，翌年 1 月から施行された「高度情報通信ネットワーク社会形成基本法」である。同法は社会全体の情報化の推進を目的とするという点で，情報通信政策における「憲法」と位置づけられていた（上村 2011：52）。そこでは，「高度情報通信ネットワーク社会」[4]の形成にあたっては，民間が主導的役割を果たすものとされている。その上で国及び地方自治体が果たす役割は，民間の活力が十分に発揮されるための環境整備等を行うことにあるとしている（第 7 条）。また，高度情報通信ネットワーク社会の形成に関する施策を策定し実施することが，国の責務であると規定されている（第10条）。

　なお，「デジタル社会形成基本法」の施行（2021年 9 月 1 日）により，高度情報通信ネットワーク社会形成基本法は廃止された。これについては後により詳しく触れる。

2010年代以降の主な施策

　以下では，2010年代以降の動きに注目する。バブル崩壊後の1990年代初頭から2010年代初め頃までの期間は，日本にとっての「失われた20年」と言われる。経済の低迷によってもたらされた社会の閉塞状況を打破するための一手段として，情報通信技術（ICT）をどのように活用していくかについての大きな方向性を示したのが，2013年 1 月に閣議決定された「世界最先端 IT 国家創造宣言」である。

　政府の情報政策に関しては，同宣言では公共データの民間開放（オープン

データ）を推進する必要が指摘されている。すなわち，政府や地方自治体が保有している公共データ（地理空間情報や防災・減災情報，統計情報等）を公開し，それらと企業等によって保有されている社会のデータとが結びつけられることを通じて，各種の「イノベーション」（新たなビジネス等）の社会での創出が期待される。そのために，政府や地方自治体によって様々な形式で保有されている情報を，機械判読が可能で利用しやすいデータ形式で提供することが政府の目標の一つとして掲げられている。

官民データ活用推進基本法

2016年12月には「官民データ活用推進基本法」が公布・施行された。その目的は，官民データの活用を推進するための環境を，国が総合的かつ効率的に整備することにある（同法第1条）。官と民との間でのデータの利活用を推進するという考え方に近いものに，前述の「オープンデータ」がある（オープンデータについては第4章でも詳しく説明する）。官民データ活用推進基本法の成立に衆議院議員として関わった福田峰之は，オープンデータと「官民データ活用」との違いについて，オープンデータでは，公共データを利用しやすい形で社会に公開することに主眼が置かれていることに対して，官民データ活用では国，地方自治体に加えて民間で保有されているデータを標準化して，それぞれを「横串」でつなげることを目的とすると説明している（福田 2017：3）。

官民データ活用推進基本法の内容で，政府によるガイドライン策定という点で特に重要なのは，国と地方自治体に対して，官民データ活用の推進に関する基本的な計画（「官民データ活用推進基本計画」）の策定を求めていることである（第8条）。これを受けて，2017年5月に「世界最先端IT国家創造宣言・官民データ活用推進基本計画」が閣議決定された。官民データ活用推進基本計画は毎年度見直しが行われ，必要が生じた場合は変更される（第8条第6項）。

これまでにも計画内容の変更は行われており。それに合わせて世界最先端IT国家創造宣言の内容についても改定が行われている。たとえば，2020年7月に閣議決定された同宣言では，新型コロナウイルス感染症拡大阻止のための

重要な方策として，社会のデジタル化が捉えられている。政府の情報化に関しては，「社会基盤の整備」のための重点項目の１つとしてデジタル・ガバメントの推進が掲げられている。なお，2013年１月に閣議決定された世界最先端IT国家創造宣言では，「デジタル・ガバメント」の用語は用いられていなかった。

デジタル社会形成基本法の制定

2010年代後半からも，すでに本章でも触れた2017年の「デジタル・ガバメント推進方針」や2018年の「デジタル・ガバメント実行計画」などの，情報政策に関わるガイドラインや計画が策定されてきた。その中で特に重要な位置を占めるのが，2021年２月の第204通常国会で成立し，2021年９月１日に施行された「デジタル社会形成基本法」である。

デジタル社会形成基本法は，高度情報通信ネットワーク社会形成基本法（2021年９月１日に廃止）の後継法である。すなわち，情報通信政策における新たな「憲法」と位置づけられる。それまでの高度情報通信ネットワーク社会形成基本法の目的は，「高度情報通信ネットワーク社会の形成に関し，基本理念及び施策の策定に係る基本方針を定め，国及び地方公共団体の責務を明らかに」することにあった。この文言の中の「高度情報通信ネットワーク社会」という用語を「デジタル社会」という用語に置き換えると，ほぼそのままデジタル社会形成基本法の目的になる[5]（第１条）。「デジタル社会」では「情報通信技術を用いた情報の活用が社会の発展につながること」がより強調されている点が，「高度情報通信ネットワーク社会」との違いである（村田 2021：4-5）。

新型コロナウイルス感染症対策とデジタル化

デジタル社会形成基本法の制定の大きな契機となったのは，2019年末からの新型コロナウイルス（COVID-19）感染症拡大であったといわれる。コロナ禍対策の１つとして特別定額給付金を支給することが2020年４月20日に閣議決定され，全国民を対象として一律10万円の支給が実施された。これに関し，支給

の実施主体である地方自治体と，オンライン申請の窓口となるオンラインサービス「マイナポータル」の運営主体である国との間のデータの連携がうまくいかず，問題や混乱が生じた。デジタル形式で申請されたデータを，地方自治体の担当者がいちいち目で確認せざるを得ないような事態も生じた。2020年7月15日に開催されたIT総合戦略本部・官民データ活用推進戦略会議合同会議において，安倍晋三首相（当時）は「新型コロナ対策を通じて，行政のデジタル化が進んでいないことを痛感した」旨の発言を行っている（首相官邸ウェブサイト 2020）。

　このような状況の改善に向けて，2020年9月16日に発足した菅義偉内閣の下で，「デジタル社会の実現に向けた改革の基本方針」の策定とデジタル・ガバメント実行計画の改定が同年12月に行われた。前者においては，高度情報通信ネットワーク社会形成基本法の見直しと「デジタル庁（当時は仮称）」設置の必要性が指摘されていた。さらに，同年10月にはデジタル・ガバメント閣僚会議の議長が内閣官房長官から総理大臣へと変更され，その体制の強化が図られた。デジタル社会形成基本法，そしてデジタル庁設置法を含むデジタル改革関連6法の第204通常国会での成立は，このような一連の流れの中で捉えることが出来る。[6]

デジタル社会形成基本法の内容

　デジタル社会形成基本法の内容について，高度情報通信ネットワーク社会形成基本法から新たに追加されたものを中心に概観しておこう。

　第一に，情報の活用においては，格差が生じないように措置を講じる旨が規定されている（第22条）。すなわち，年齢や障害の有無等の条件にかかわらず，情報へのアクセシビリティが確保されねばならない。

　第二に，国及び地方自治体が保有する情報で国民生活に有用なものは，国民が容易に活用できるよう措置を講じねばならないと規定されている（第30条）。これは，前述のオープンデータの考え方を規定したものである（村田 2021：7）。

　第三に，公的基礎情報データベースを整備し，その利用を促進するための措

置を講じると規定されている（第31条）。ここでの公的基礎情報データベースとは，いわゆる「ベース・レジストリ」を指す。デジタル・ガバメント閣僚会議によって決定された「データ戦略タスクフォース第 1 次とりまとめ」（2020年12月21日）では，それは「公的機関等で登録・公開され，様々な場面で参照される，人，法人，土地，建物，資格等の社会の基本データ」と定義されている（デジタル・ガバメント閣僚会議 2020）。マイナンバー制度の運用で連携される住民データは，その典型例である（林 2021：24）。加えて，例として事業者データや住所データなどが挙げられる。データ戦略タスクフォース第 1 次とりまとめでは，データ・レジストリの整備を推進することの必要性が指摘されていた。デジタル社会形成基本法により，その旨が法律に記されたことになる。

　第四に，国と地方自治体の情報システムを共同化すること，またはそれらを集約することに向けての措置が講じられねばならないと規定されている（第29条）。これについて立憲民主党は，地方自治体の自主性が損なわれる懸念があるとして，努力義務とするように提案したが，法案の修正は受け入れられなかった（立憲民主党ウェブサイト 2021）。結果的に，立憲民主党そして日本共産党は，デジタル社会形成基本法案に反対票を投じている。

　なお，デジタル社会形成基本法はその第36条において，内閣にデジタル庁を置くと規定している。デジタル庁については次節で説明する。

デジタル社会の実現に向けた重点計画

　デジタル社会形成基本法の第37条第 1 項では，政府は「デジタル社会の形成に関する重点計画を作成しなければならない」と規定されている。それに基づいて2021年12月に策定されたのが「デジタル社会の実現に向けた重点計画（以下「重点計画」）」である。これに伴い，2018年 1 月に閣議決定された前述のデジタル・ガバメント実行計画は廃止された。

　デジタル・ガバメント実行計画に代わる重点計画では，本文中には「デジタル・ガバメント」という用語は一度しか登場しない。とはいっても，「デジタル・ガバメント」を進めようとする従来の政府の方針が見直されたというわけ

ではない。重点計画においては，政府や地方自治体のデジタル化のみでなく，社会全体のデジタル化，すなわち「デジタル社会」の実現が目的として前面に押し出されている。ここでの「デジタル社会」とは，「デジタルの活用により，一人ひとりのニーズに合ったサービスを選ぶことができ，多様な幸せが実現できる社会」を指す。重点計画の中では，規制改革（デジタル化を進める上で障壁となる法令や通達等を改正すること）や制度改革（デジタル化を促進するために必要な制度の改革を行うこと）等とともに，その実現を達成するための一手段として政府を含めた社会のデジタル化の推進（デジタル改革）が位置づけられている（デジタル・ガバメント閣僚会議 2018）。

デジタル原則（2021年）

　2021年12月のデジタル臨時行政調査会において，「デジタル原則」が策定された。このデジタル臨時行政調査会とは内閣総理大臣を会長とし，2021年11月に創設された組織である。同組織の目的は，規制改革，制度改革，デジタル改革の3つの改革に係る横断的な課題を一体として検討し，実行していくことにある。そこで策定されたデジタル原則は，デジタル社会の実現を目指すための3つの改革に通底する原則と捉えられる。そこには，次の5つの原則が含まれている。[7]

① デジタル完結・自動化原則：書面や目視が必要であった手続きのデジタル処理を進めて，手続きのすべてをそれで完了させること。
② アジャイルガバナンス原則（機動的で柔軟なガバナンス）：データに基づいて判断し，機動的に政策の点検と修正がなされるようにすること。
③ 官民連携原則：政府と民間が連携して公共サービスを提供すること。
④ 相互運用性確保原則：データの形式を統一することなどにより，政府と民間とが同じデータを共有し，利用できるようにすること。
⑤ 共通基盤利用原則：基本的なデータの形式については，国や地方自治体の間で，また各分野の間で標準化を進めて，民間を含めて広く利用できる

　ような基盤をつくっていくこと。

　これらの原則の内容の多くは，前述のデジタル社会形成基本法をはじめ，政府によるデジタル化推進のための諸方針の中にすでに盛り込まれていたものである。

　これまで見てきたように，政府のデジタル化に関わる諸方針や計画等は頻繁にアップデートされてきた。今後の社会の動きに応じて，その方針等がどのように変化していくかについては，これからも注意しておく必要がある。

3　デジタル化推進のための政府の体制

デジタル化推進のための「司令塔」

　本節では，日本の政府におけるデジタル化の推進体制について概観する。いわゆる「司令塔」の機能を果たすことを期待された組織及びポストに焦点をあてて，1994年の高度通信社会推進本部から2021年のデジタル庁発足に至るまでの流れを概観する。

　「司令塔」という語は，第2章第3節でも「統計制度における司令塔」という表現で用いた。あらためて「司令塔」とは何かについて説明を加える。ここでの司令塔とは，全体の立場から，強いリーダーシップを一段と高いところで発揮して，政策の立案や組織間の調整を行う役割を果たす組織あるいはポストを指す。内閣府に設置されていた司令塔連携・調整会議が2014年8月に発表した提言では，司令塔の役割として，①国の重要課題に対する解決策の案出，方針の提示，②縦割りを排した適切な施策の実現・推進，③関係各府省の連携による施策の効果・効率の向上，④資源の全体適正な配分・活用，が挙げられている（内閣府 2014）。このような司令塔の機能を果たす組織の例として，外交と防衛の分野での国家安全保障局，経済分野での経済財政諮問会議，科学技術分野での総合科学技術・イノベーション会議，そして第2章第3節でも取り上げた政府統計分野での統計委員会などが挙げられる。

高度情報通信社会推進本部（1994）から高度情報通信ネットワーク社会推進戦略本部（2001）へ

政府のデジタル化を推進するにあたって，どのような組織が司令塔的な役割を期待されてきたのか。日本を例にして説明を行う。

前節では，日本で本格的な電子政府化への取り組みが始まったのは，行政情報化推進基本計画が策定された1994年頃のことであったと説明した。この頃に，政府を含めた社会全体の情報化を推進することを目的とし，そのための司令塔的機能を果たすために内閣に設置されたのが，高度情報通信社会推進本部である[(8)]（1994年8月に設置）。同本部は内閣総理大臣を本部長とし，内閣官房長官，郵政大臣そして通商産業大臣を副本部長としていた。加えて，本部員として他の全閣僚が参加する体制をとっていた。

この高度情報通信社会推進本部は2000年7月に，情報通信技術戦略本部へと改組される。前者の決定した事項やその下にある会議等については，後者に引き継がれた。また，情報通信技術戦略本部をサポートするために，専門家によって構成されるIT戦略会議がその下に設置された。

2000年11月には，前節でも説明したように高度情報通信ネットワーク社会形成基本法が成立し，2001年1月から施行された。それに伴い，同法第25条に基づいて，情報通信技術戦略本部が改組される形で「高度情報通信ネットワーク社会推進戦略本部」が内閣に設置された。本部長には内閣総理大臣が充てられる（第28条）。デジタル化推進のための司令塔組織に，法的根拠が付与されたことになる。

高度情報通信ネットワーク社会推進戦略本部の目的は，社会のデジタル化に関わる施策を迅速かつ重点的に推進することにあった。その所掌事務には，高度情報通信ネットワーク社会の形成に関する重点計画や，官民データ活用推進基本計画案の作成等が含まれる（同法第26条第1項）。加えて，府省横断的に計画を作成することも，本部（長）の所掌事務の一つとされている（第26条第2項）。前節でも触れた2013年の世界最先端IT国家創造宣言では，同宣言の目的を達成するために，高度情報通信ネットワーク社会推進戦略本部が「省庁の縦

割りを排して，省庁横断的な課題について積極的に横串を通して，司令塔機能を発揮することが不可欠」と指摘されている。

政府における情報統括責任者（CIO）

　一般的に，政府によるデジタル化の推進にあたって司令塔機能を果たすことが期待されているポストが「情報統括責任者（Chief Information Officer：CIO）」である。CIO とは「組織において，情報管理・情報システムの管理・統括を含む戦略の立案と執行を主たる任務とする役員であり変革の指導者」を意味する（小尾　2007：5）。

　民間部門では大企業を中心として，1980年代後半から CIO ポストを設置する企業が増えてきた。公的部門では1990年代頃から，中央政府や地方自治体で同ポストの設置が目立ち始めた。アメリカでは1996年に成立した「情報技術管理改革法（Information Technology Management Reform Act）」（「クリンガー・コーエン法」とも呼ばれる）によって，連邦政府の各機関に CIO のポストを設置することが義務づけられた。2002年には「電子政府法（The E-Government Act of 2002）」が成立して，行政管理予算局（Office of Management and Budget）内に「電子政府・情報技術局（Office of E-Government and Information Technology）」が設置される。2022年の時点では，電子政府・情報技術局の局長が連邦政府CIO と位置づけられている[9]。

　日本において，各府省に「情報化統括責任者（CIO）」が設置されたのは2002年であった。同年には高度情報通信ネットワーク社会推進戦略本部の下に，「各府省情報化統括責任者連絡会議」が設置される。同連絡会議の設置にあたっては，自由民主党の「e-Japan 重点計画特命委員会」や，その下部機関である「戦略強化チーム」が強いリーダーシップを発揮したと上村は指摘している（上村　2011：59）。

　政府全体の情報化を統括する「政府 CIO」は，当初は「政府情報化統括責任者」として2012年8月に内閣官房に設置された。2013年には内閣法の改正によって「内閣情報通信政策監」が設置され，同ポストが法的にも政府 CIO と

して位置づけられることになった。内閣情報通信政策監は，高度情報通信ネットワーク社会推進戦略本部にも，本部員として加わる。歴代の政府 CIO は，民間企業出身の専門家が務めてきた。

　内閣情報通信政策監の政府 CIO としての役割は，政府全体の情報通信政策及び電子行政の推進する上での司令塔機能を果たすことであった。世界最先端 IT 国家創造宣言では政府 CIO の役割として，電子行政を推進するための府省横断的な推進計画やガイドラインの策定等が挙げられていた。その上で，政府 CIO が高度情報通信ネットワーク社会推進戦略本部とともに，司令塔機能を発揮する必要をも指摘している。なお，後述するように，2021年のデジタル庁発足と「デジタル監」の設置ともに，政府 CIO のポストは廃止された。

地方自治体の CIO

　地方自治体については，その多くが CIO を任命している。総務省による 2020年度版の『地方自治情報管理概要——電子自治体の推進状況』によれば，2020年4月1日時点では都道府県の74.5％が，市町村では84.7％が，それぞれ CIO を任命している（総務省 2020a）。2020年12月に総務省が発表した「自治体 DX 推進計画」では，自治体 CIO は庁内マネジメントで中核的な役割を果たすため，「副市長等であることが望ましい」とされている（総務省 2020b）。実際に副知事や副市町村長が自治体 CIO に任命されているケースが最も多い。外部からの人材を CIO に登用しているのは都道府県のうちの8.6％，市町村ではわずか0.1％であった（2020年4月1日時点）（総務省 2020a）。もっとも，自治体 DX 推進計画の発表以降では，IT 企業やベンダー企業などからの外部人材を CIO に任命する地方自治体が増える傾向も見られる（杉野 2022：25）。

デジタル庁の設置

　政府および社会のデジタル化を推進していくための「司令塔」機能を担う組織として，2021年9月1日に発足したのがデジタル庁である。司令塔の機能を果たす組織を新たに設置するよう菅義偉内閣総理大臣から指示がなされたのは，

───── コラム③　地方政府におけるデジタル化 ─────

　本文で述べたベンダーロックインの問題は，中央政府だけでなく地方政府において
も生じている。約1,800の地方自治体（2021年10月時点）の中には，独自のシステム
を採用しているところが少なからず存在している。取り扱うデータの形式（たとえば，
姓名や住所の扱い等）についても，地方自治体ごとに異なる。たとえば，住民の氏名
については，姓と名を別々に取り扱う自治体もあるし，姓と名とを一つのデータとし
て扱っているところもある。住所や生年月日についても，データとしての取り扱い方
は地方自治体ごとに異なる。このような状況がコスト面等での問題につながっている
ことは，2000年代初め頃からすでに指摘されていた。

　これに関し，デジタル改革関連6法の一つとして「地方公共団体情報システムの標
準化に関する法律」が，2021年の第204通常国会において成立した（2021年9月1日
施行）。同法の目的は，仕様等がバラバラであった地方自治体の基幹系システム（住
民基本台帳，税務関係，選挙人名簿管理，福祉関係等のデータを扱う）の標準化を推
進することにある。具体的には，国が情報システムの標準仕様および標準化のための
基準を作成する。地方自治体は，それに適合した情報システムへと移行することが義
務づけられた（デジタル・ガバメント実行計画では，目標時期は2025年度）。

　一口に「地方自治体」といっても，その規模には大きな開きがある。情報を扱うた
めに必要なリソースについても格差が存在する。総務省自治行政局行政経営支援室に
よる「地方公共団体の情報システムの標準化について」によれば（2020年6月），地
方自治体の約3分の2で情報主管課職員数が5人以下となっている（総務省自治行政
局行政経営支援室 2020）。

　このような事情をも反映して，地方自治体の規模により，情報システムの標準化に
対するスタンスは微妙に異なる。全国知事会は「ベンダーロックインを防ぐために望
ましい」と標準化を支持する態度を表明している。全国市長会も同様に，標準化の推
進を図るべきとの意見を示している。その一方で，全国町村会は標準化のメリットを
認めつつ，大都市と人口数百人の村とが同じシステムを運用することには無理がある
として，懸念も示している（2020年4月23日の第32次地方制度調査会第37回専門小委
員会において，各団体から提出された資料より）。

　政策実施研究における重要な概念の1つとして，「実施のギャップ」がある。これ
は，「当初に期待された政策の目標と，実際に実施された政策との間の差」を意味す
る。地方自治体における情報システムの標準化については，そう簡単には進まないと
予想する専門家の意見もある。国が決定した標準化という政策が，地方においてどの
ように，そしてどれだけ実施されるかは，政策実施研究のテーマとしても興味深い。

2020年9月23日のデジタル関係閣僚会議においてであった（柳生 2021：9）。発足までの手続きは，きわめて迅速になされたと言える。デジタル庁の設置により，前述の高度情報通信ネットワーク社会推進戦略本部は廃止された。

　デジタル庁の設置の根拠は，デジタル社会形成基本法第36条（「別に法律で定めるところにより，内閣，にデジタル庁を置く」）とデジタル庁設置法にある。デジタル社会形成基本法で規定されたデジタル社会の形成を進めるための内閣の事務を，内閣官房とともに助けることが，その主たる任務となる（デジタル庁設置法第3条第1項）。所掌事務には，行政各部の施策の統一を図るために必要となる事務が含まれる。すなわち，行政各部に対して「横串を指す」ことに関わる事務である。それとともに分担管理事務として，デジタル社会形成基本法で規定されている重点計画や官民データ活用推進基本法で規定された官民データ活用推進基本計画の作成及び推進，マイナンバーに関する事務，公的基礎情報データベース（ベース・レジストリ）の整備と利用に関わる事務などをつかさどる。

　加えて，デジタル庁の役割には，先述のデジタル臨時行政調査会やデジタル化の推進による地方の活性化を実現させるための「内閣官房デジタル田園都市国家構想実現会議」（内閣官房 2022），また内閣総理大臣を議長としてデジタル社会実現のための施策を推進するための「デジタル社会推進会議」の開催がある（デジタル庁 2021）。

デジタル庁の組織体制

　デジタル庁の長は，内閣総理大臣が務める（デジタル庁設置法第6条第1項）。また，内閣総理大臣を助け，デジタル庁の事務を統括するためにデジタル大臣が置かれた（第8条第1項）。デジタル大臣は，関係する行政機関の長に対して勧告することができ，またその勧告に基づいてとった措置について報告を求めることも出来る（第8条第5項及び第6項）。かつての政府CIOには，このような勧告権は与えられていなかった。

　デジタル大臣に対して，専門的な知見に基づいて情報通信技術の活用につい

ての進言を行うためのポストとして，新たに設置されたのが「デジタル監」である（同法第11条）。これに伴い，内閣情報通信政策監（政府 CIO）は廃止された。デジタル監の任免は内閣総理大臣の申し出によって内閣が行う（同法第11条第 3 項）。同ポストへは，民間等からの登用も想定されていた。初代のデジタル監には，一橋大学名誉教授で経営学者の石倉洋子が任命された。第二代のデジタル監に就任した浅沼尚（2022年 4 月就任）も民間企業の出身である。

デジタル庁の機能

　政府が保有する情報を資源として有効利用していくためには，データの形式や利用されるアプリケーション等について標準化がなされている必要がある（岡本 2003：31-33）。しかしながら，従来は各省庁が大手 IT ベンダーにシステムを発注するという形がとられてきた。IT ベンダーの立場では，互換性の乏しい独自のシステムを開発することが，一度獲得した顧客を逃さないための合理的な行動となる。結果として，仕様が異なる様々なシステムが，省庁ごとに運営されるようになる。システム開発への新規業者による参入のハードルも高くなり，各省庁は IT ベンダーが構築したシステムを使い続けざるを得なくなる。このような問題を「ベンダーロックイン」という（羅 2019：120-125）。

　ベンダーロックイン問題への対応の一つとして，デジタル庁によって政府の情報技術関連予算が集約されるようになった。たとえば，2022年度一般会計概算要求では，デジタル庁の要求額は5,303億2,300万円であった。そこには，各省庁の情報システム関連予算が「一括計上」されている。このような措置を通じて，各政府組織における情報システムの仕様の統一化が，いっそう進むことが期待されている。

　政府のデジタル化のみでなく，科学技術の振興や統計制度改革，また新型コロナウイルス感染症対策やこども政策などの様々な政策領域でも，問題解決の有力な一手段として「司令塔」の設置が行われたり，検討されたりしてきた。だが，司令塔の設置は決して万能薬ではない。法的に強い権限が組織に与えられたとしても，政治的な要因等によって期待された機能が十分に発揮できない

場合もある。また，司令塔を中心としてトップダウン的に作成された政策が，必ずしも望ましい結果を生み出すとは限らない。デジタル庁についても，関わった政策の効果についての検証を踏まえた上で，政策及び組織自体についての評価を行っていく必要がある。

注

(1)　本文中での「デジタル・ガバメント」の説明にある「プラットフォーム」とはサービス提供の基盤となるもの，「ガバナンス」とはプラットフォームなどを下支えするものである（高度情報通信ネットワーク社会推進戦略本部 2017）。

(2)　公的部門における DX では，実務家の中にも様々な捉え方がある。これについて，Mergel et al. (2019) を参照のこと。

(3)　2000年頃までの日本における電子政府化の流れについて，より詳しくは上村 (2011) を参照のこと。

(4)　高度情報通信ネットワーク社会形成基本法において「高度情報通信ネットワーク社会」は，「インターネットその他の高度情報通信ネットワークを通じて自由かつ安全に多様な情報又は知識を世界的規模で入手し，共有し，又は発信することにより，あらゆる分野における創造的かつ活力ある発展が可能となる社会」と定義される（第2条）。

(5)　デジタル社会形成基本法の施行により，「通信・放送融合技術の開発の促進に関する法律」(2001年)，「情報通信技術を活用した行政の推進等に関する法律（デジタル手続法)」(2002年)，「特定秘密保護に関する法律（特定秘密保護法)」(2013年)，「学校教育の情報化の推進に関する法律（教育情報化推進法)」(2019年) の中の「高度情報通信ネットワーク社会」という語も，「デジタル社会」という語に置き換えられている。

(6)　デジタル社会形成基本法およびデジタル庁設置法に加えて，「デジタル社会の形成を図るための関係法案の整備に関する法律」「公的給付の支給等の迅速かつ確実な実施のための預貯金口座の登録等に関する法律」「預貯金者の意思に基づく個人番号の利用による預貯金口座の管理等に関する法律」「地方公共団体情報システムの標準化に関する法律」が，2021年の第204通常国会で成立したデジタル改革関連6法である。

(7)　「重点計画」の中にもデジタル原則の内容は記載されている。デジタル庁ウェブ

サイト（2020）参照。

(8)　高度情報通信社会推進本部が設置された1990年代中頃では,「司令塔機能」よりも「総合調整機能」という用語が, 政府内でもより一般的に用いられていた。総合調整機能概念については, 伊藤（2006）を参照のこと。

(9)　アメリカの電子政府法の成立の経緯および連邦 CIO の設置を巡る議論については, 岡本（2004）を参照のこと。

引用・参考文献

一般社団法人行政情報システム研究所（2021）『GDX——行政府における理念と実践』一般社団法人行政情報システム研究所（2022年10月12日にアクセス, https://www.iais.or.jp/reports/labreport/20210601/dx2020/）（注意：以下の URL へは直接アクセスできません。〈https://www.iais.or.jp/wp-content/uploads/2021/03/Dx2020Handbook.pdf〉上記の〈https://www.iais.or.jp/reports/labreport/20210601/dx2020/〉にアクセスし, そこでのリンクをクリックすると,〈https://www.iais.or.jp/wp-content/uploads/2021/03/Dx2020Handbook.pdf〉にアクセスでき, 引用文献を読むことができます）。

伊藤正次（2006）「『特定総合調整機構』としての総合科学技術会議——『予算による調整』と『計画による調整』をめぐって」『公共政策研究』(6)：43-55。

上村進（2010）「『電子政府』の定義とパラダイムシフト」『季刊行政管理研究』(131)：29-42。

―――（2011）「電子政府の『歴史』」『季刊行政管理研究』(135)：45-68。

大塚奈奈絵（2001）「電子政府と行政情報」『情報管理』44(6)：430-440。

岡本哲和（2003）『アメリカ連邦政府における情報資源管理政策——その様態と変容』関西大学出版部。

―――（2004）「アメリカ連邦政府の CIO（Chief Information Officer）——その地位・現状・問題点」『都市問題研究』56(11)：59-70。

奥村裕一（2021）「コロナ禍を契機にデジタル活用の市民主導型公共価値創造が進む——DX を成功に導くカギ」『ガバナンス』(245)：14-16。

小尾敏夫（2007）「CIO 学の目指すもの」須藤修・小尾敏夫・工藤裕子・後藤玲子編『CIO 学——IT 経営戦略の未来』東京大学出版会, 1-19。

高度情報通信ネットワーク社会推進戦略本部（2017）「デジタル・ガバメント推進方針」（2022年10月12日アクセス, https://warp.ndl.go.jp/info:ndljp/pid/12187388/

www.kantei.go.jp/jp/singi/it2/kettei/pdf/20170530/suisinhosin.pdf）。

首相官邸ウェブサイト（2020）「令和2年7月15日高度情報通信ネットワーク社会推進戦略本部（IT総合戦略本部）・官民データ活用推進戦略会議合同会議」（2022年10月12日アクセス，http://www.kantei.go.jp/jp/98_abe/actions/202007/15it_kanmin.html）。

菅原直敏（2021）「自治体のデジタルトランスフォーメーション」『行政＆情報システム』57(1)：30-35。

杉野耕一（2022）「加速する自治体DX——外部人材登用，任用形態が多様化，利便性向上へ各地で創意工夫も」『日経グローカル』(431)：24-27。

デジタル庁ウェブサイト（2020）「デジタル社会の実現に向けた重点計画」（2022年8月5日アクセス，https://www.digital.go.jp/policies/priority-policy-program/）。

総務省（2020a）「地方自治情報管理概要 電子自治体の推進状況（令和2年度）」（2022年10月12日アクセス，http://www.soumu.go.jp/denshijiti/060213_02.html）。

総務省（2020b）「自治体デジタル・トランスフォーメーション（DX）推進計画」（2022年10月12日アクセス，https://www.soumu.go.jp/main_content/000770538.pdf）。

デジタル・ガバメント閣僚会議（2018）「デジタル・ガバメント実行計画」（2022年10月12日アクセス，https://cio.go.jp/sites/default/files/uploads/documents/2020_dg_all.pdf）。

デジタルガバメント閣僚会議（2020）「データ戦略タスクフォース第一次とりまとめ」（2022年10月12日アクセス，https://www.soumu.go.jp/main_content/000725147.pdf）。

デジタル庁（2021）「デジタル社会構想会議の開催について」（2022年10月12日アクセス，https://www.digital.go.jp/assets/contents/node/basic_page/field_ref_resources/658916e5-76ce-4d02-9377-1273577ffc88/5fd852fe/20220415_meeting_conception_01.pdf）。

総務省自治行政局行政経営支援室（2020）「地方公共団体の情報システムの標準化について」（2022年10月12日アクセス，https://www.soumu.go.jp/main_content/000701978.pdf）。

内閣官房（2022）「デジタル田園都市国家構想基本方針について」（2022年10月12日アクセス，https://www.cas.go.jp/jp/seisaku/digital_denen/pdf/20220607_gaiyou.pdf）。

内閣府（2014）「司令塔連携・調整会議提言（「司令塔」の更なる活性化に向けて）」（2022年10月12日アクセス，https://www.cao.go.jp/others/soumu/shireitou/2014 08teigen_1-2.pdf）。

内閣府（2021）「経済財政運営と改革の基本方針2021について」（2022年10月12日アクセス，https://www5.cao.go.jp/keizai-shimon/kaigi/cabinet/2021/2021_basicpolicies_ja.pdf）。

林雅之（2021）「デジタル・ガバメント推進におけるベース・レジストリの意義」57(2)：20-25。

福田峰之（2017）「官民データ活用推進法の意義と今後の展望」『行政＆情報システム』53(3)：3-6。

村田誠英（2021）「デジタル社会形成基本法案について」『行政＆情報システム』57(2)：3-8。

柳生正毅（2021）「デジタル庁設置法案の要点」『行政＆情報システム』57(2)：9-13。

羅芝賢（2019）『番号を創る権力——日本における番号制度の成立と展開』東京大学出版会。

Mergel, Ines, Edelmann, Noella, and Haug, Nathalie, (2019), "Defining Digital Transformation: Results from Expert Interviews," *Government Information Quarterly*, 36(4): 1-16.

Stolterman, Erik and Fors, Anna Croon (2004), "Information Technology and the Good Life," in B. Kaplan, D.P Truex, D. Wastell, A.T. Wood-Harper, and J. I. DeGross eds., *Information Systems Research. IFIP*, vol. 143, Springer, 687-692.

■　■　■

読書案内

日経コンピュータ（2021）『なぜデジタル政府は失敗し続けるのか——消えた年金からコロナ対策まで』日経BP。

　日本におけるこれまでの電子政府化への取り組みを，「失敗」に主な焦点を合わせて描き出したドキュメンタリー風の本。ベンダーロックインやシステムの標準化の困難さ等の問題が取り上げられている。閣僚経験者や元政府CIOを含めた関係者へのインタビューも含む。

金﨑健太郎（2020）『情報システム調達の政策学』関西学院大学出版会。

　ベンダーロックインの発生とその問題の解決は，情報システムの調達の方法にも深く関わってくる。本書では，国と地方自治体における情報システム調達が，法制度が目指した公平性や競争性が確保された状態ではなく，行政とITベンダーとの間の暗黙のルールによって形成された状態の下でなされてきたことが明らかにされる。著者による改善策も示される。

e-Governance Academy 編著（2019）『e-エストニア——デジタル・ガバナンスの最前線』三菱 UFJ リサーチ＆コンサルティング監訳，日経BP。

　国連が発表する「電子政府（E- government）ランキング」の2020年度版では，バルト三国の一つであるエストニアは3位（1位はデンマーク，2位は韓国，日本は14位）であった。ランク付けの結果は評価方法によっても変わるため絶対視してはならないが，電子政府化という点ではエストニアが最も進んだ国の一つであることは間違いない。その取り組みを，グラフィックも多用してわかりやすく解説した書。

練習問題

①　自分の住んでいる地方自治体では，どのような内容の「官民データ活用推進基本計画」が定められているかを調べてみよう。

②　政府がオンラインで提供している法令検索サービスなどを利用して，本章で取り上げた政府のデジタル化に関する法律の本文を読んでみよう。

（岡本哲和）

第4章
オープンデータと公共政策

---この章で学ぶこと---

　本章では，公的情報を使って政策分析や政策評価を行う際に重要なオープンデータと公共政策の関係について学ぶ。しかし，一口にオープンデータと言っても，様々な動機や様々な分野からの要求が集まって現在のオープンデータ群を形成している。

　そのため，論者や対象によって，定義や使われ方が異なる場合がある。オープンデータ関連の資料を読んでいく上で混乱をきたさないよう，まず，オープンデータの諸定義を紹介する。また，それぞれに対して，そういった使われ方になった背景や限界についても解説を行う。

　その後，G8諸国における中央政府によるオープンデータの現状，主要国におけるオープンデータに関わる政策の変遷，オープンデータ化によりもたらされる経済価値の推計などを紹介する。

　最後に，地方政府での取り組み，民間部門や民間データのオープン化など，具体的活用例を紹介し，公共政策としての意味を再検討する。

1　「オープンデータ」とは何か

プログラムにおけるオープンデータ

　まず，プログラムの観点からオープンデータを主張しているグループによる定義から紹介する。

　オープン・ナレッジ財団発行の「OPEN DATE HANDBOOK（オープン・ソース・ハンドブック）」によると，「オープンデータ」とは，「自由に使えて再利用もでき，かつ誰でも再配布できるようなデータのことであり，従うべきは，せいぜい作者のクレジットを残す，あるいは同じ条件で配布する程度である」

と定義されている（オープン・ナレッジ財団 2007）。

　また，同書によると，この定義は，「Debian Social Contract（デビアン社会契約）」等のコピーレフト，つまり，既存の著作権制度への明確な反対の立場を主張しているオープンソースの定義から派生している。

　そのため，このオープンデータの定義は，データやプログラム共有による自由を前面に出した定義であり，オープンデータの提供方法について社会的な合意形成を行う際，各国の知的財産権保護制度や（個人情報や機微情報などを含む広義の）データ保護制度と摩擦を生じかねない可能性が高く，広範にそのまま受け入れられる定義ではない。

オープンソース・ライセンスの多様性

　ただ，オープンソースには様々な種類があることも事実である。例えば，どのような条件（ライセンス）でデータを公開するかについて参考になるように，オープンソース・イニシアティブ（Open Source Initiative：OSI）が，そのライセンスの種類，組合せ可能性等をまとめている。ソフトウェア・プログラム分野のオープン・ライセンスの代表的なものでは，GPL（GNU General Public License），LGPL（GNU Lesser General Public License），MPL（Mozilla Public License），BSD（Berkeley Software Distribution）ライセンス，MIT（Massachusetts Institute of Technology）ライセンスなどがある。その公開の方法について，GPLのようにコピーレフトを標榜しているものから，MIT ライセンスのようにビジネス利用を前提とのものまで多様である。また，大学などの研究機関がライセンスを提案したもの（カリフォルニア大学バークレー校の BSD ライセンスやマサチューセッツ工科大学の MIT ライセンス等），有名なプログラムのライセンスが一般化したもの（UNIX にヴィンドウの GUI を提供する X11 の MIT ライセンスやオープンソースのブラウザである MPL ライセンス）等もある。

　ただし，プログラムとデータや著作物は，全く同じ性質をもっているわけではないので，オープンライセンスをそのままの形でオープンデータの議論に持ち込むことはできない。

─ コラム④　GNU とは何か ─

　オープンソース・ライセンスの一つ GPL（GNU General Public License：GPL）の頭に付いている「GNU」は，プロジェクト名で「GNU is Not UNIX（GNU は UNIXではない)」の頭文字を取ったものである。

　GNU は，オープンソース開発プロジェクト（その成果から Emacs や Linux などが生まれた）であり，その利用規約（オープンソース・ライセンス）が GPL である。GPL では，プログラムのソースコードは公開され，改変も自由であるが，付け加えた部分も GPL で公開する必要があるというものである。そのため，GPL のコード（ソフトウェア）を使うと開発したソフトウェアすべてを GPL で公開しなければならないため，「伝染性がある」と言われることがある。

　そもそも，UNIX は，1969年に開始された OS で，複数のソフトを同時に動かしたり，複数のユーザが同時に使ったり出来る。当初の開発元は，アメリカ最大の電話会社の研究部門であるベル研究所で，1970年代以降，多くの大学や研究機関等で使用されるようになった。普及に従い，新たな研究成果の取り込みや使い勝手の向上等を目的に，UNIX に互換性のある OS 開発が行われるようになった。その一つがカリフォルニア大学バークレー校の BSD であり，このプロジェクトが採用する BSD ライセンスは，のちに GPL に互換的であるとフリーソフトウェア財団（Free SoftwareFoundation：FSF）に認定されている。

　加えて，営利企業の開発の場合，開発が停止されたり，利用条件が安定しなかったりする可能性もあることから，営利企業が開発コミュニティと組んで，あえてオープンソース・ライセンスを採用する場合もある。公共部門でも，重複開発の回避と市民や国民への説明責任を果たすために，欧米を中心として，新型コロナウイルスの接触確認アプリもオープンソースライセンスが採用された。

　このような経緯から，オープンソース OS の代表格である Linux は GPL を採用している。スマートフォン用 OS の Android も GPL に互換性があると FSF に認定されているアパッチライセンス（Apache 2.0）を採用している。

　さて，GNU プロジェクトの GNU は，UNIX とは違いフリーソフトウェアであり，UNIX に由来するソースコード（プログラム）をまったく使っていないことを示す名称である。GNU の発音は「グヌー」であるが，一般的な英語では，「ヌー」と発音し，アフリカに住む動物（ウシカモシカ）をさす。では，「GNU is Not UNIX」の第一番目語である「GNU」とは一体，何であろうか。英語圏での回文であるが，GNUプロジェクトは公式に説明していない。

著作権とオープンデータ

では，どのようなアプローチであれば，社会的受容が可能なオープンデータのライセンスを定義することができるだろうか。

文字，画像あるいは映像等の著作物で公開共有される場合，過去においても，たとえば，森亮一らが1980年代から検討している「超流通」など，様々な提案があった（森・河原・大瀧ほか 1996）。

クリエイティブ・コモンズ

しかし，国際的には，2002年，米国スタンフォード大学ロースクール（当時）のローレンス・レッシグ（Lawrence Lessig）らが提唱した「クリエイティブ・コモンズ（Creative Commons：CC）」の策定したライセンスが用いられることが多くなっている[1]。

CC は，著作物の適正な再利用の促進を目的とし，著作者自らが著作物の流通や改変等の権利について意思表示を気軽に行えるよう，ライセンスを策定した非営利団体である。

この CC の一般的なライセンスには，条件の組み合わせで表4-1にあるように，合計6種類のライセンスがあり，公開する著作者がその明記を行う仕組みである。出所表示が BY，非営利目的の利用が NC，改変禁止が ND，ライセンスの継承義務で SA と表現される。

また，CC ライセンスの特殊な形態として，「CC0」がある（クリエイティブ・コモン 2002）。これは，権利を最大限放棄して，パブリック・ドメイン（公有，公共の領域）に提供する形態を指しており，出所表示さえも不要としているのが特徴である。

CC のライセンスでは，「CC BY 4.0」や「CC0 1.0」がオープンデータのライセンスとして親和性が高いと考えられるが，各国政府の公開状況を見ると，多少の追加条項がある国もある。こういったオープンライセンスと CC については，渡辺智暁や中川隆太郎などが，事例および設計あるいは CC の限界について議論している（渡辺 2013；中川 2015）。

表 4-1　クリエイティブ・コモンズ・ライセンスと利用条件

利用ルール名称（表示名）	出所表示	商業利用	改変
表示 4.0 国際 （CC BY 4.0）	必須	許可	許可
表示-非営利 4.0 国際 （CC BY-NC 4.0）		不許可	許可
表示-改変禁止 4.0 国際 （CC BY-ND 4.0）		許可	不許可
表示-非営利-改変禁止 4.0 国際 （CC BY-NC-ND 4.0）		不許可	不許可
表示-継承 4.0 国際 （CC BY-SA 4.0）		許可	利用ルール 継承で許可
表示-非営利-継承 4.0 国際 （CC BY-NC-SA 4.0）		不許可	利用ルール 継承で許可

出典：クリエイティブコモンズのウェブサイトより筆者作成。

　なお，著作者が著作権を確定する際に適用される国の著作権法の規定により，放棄が不能な権利（たとえば，日本の著作者人格権）もあるのでこういった点も注意が必要である。

学術におけるオープンデータ

　学術の分野においては，図書館や大学間での論文や書誌データの共有，創成期のインターネットによる情報共有，欧州原子核研究機構（CERN）研究者によるWWW（World Wide Web：Web）の提案等，これまでも情報共有に関しては様々な取り組みが見られる。

　大向一輝によると，単に情報の共有や公開を目指すのではなく，学術の分野で，包括的なオープンデータやオープンアクセスを定義したのは，2002年のブダペスト・オープンアクセス・イニシアティブ（Budapest Open Access Initiative：BOAI）による宣言である（大向 2016）。

　同宣言では，（ピアレビューされた研究文献への）「オープンアクセスとは，それらの文献が，公衆に開かれたインターネット上において無料で利用可能であ

り，閲覧，ダウンロード，コピー，配布，印刷，検索，論文全文へのリンク，索引作成のためのクローリング，ソフトウェアへのデータとして取り込み，その他合法的目的のための利用が，インターネット自体へのアクセスと不可分の障壁以外の，財政的，法的また技術的障壁なしに，誰にでも許可されることを意味する。複製と配布に対する唯一の制約，すなわち著作権が持つ唯一の役割は，著者に対して，その著作の同一性保持に対するコントロールと，寄与の事実への承認と引用とが正当になされる権利とを与えることであるべきである」としており，オープンナレッジ財団の定義の要素（自由な利用，再利用の自由，再配布の自由，著者明記）を踏まえ，より具体的な定義となっている（BOAI 2001）。

　このようにオープンアクセスは定義され，そのデータをより活用するための動きがそれに続いた。

　具体的には，書誌データや学術データベースの相互運用性を高めようと，1995年にダブリン・コア・メタデータ・イニシアティブ（Dublin Core Metadata Initiative：DCMI）を中心として，文献の15の基本要素（Dublin Core Metadata Element Set：DCMES）（2003年に国際標準化），55のその他の要素（DC Terms，2008年策定）が定められ，学術情報のメタデータの相互運用性（データ形式の標準化，語彙の整備，データ受渡し手順，横断・統合検索等）を高められる努力がされている（DCMI 1995；2003；2008）。

　加えて，公共図書館においても，2009年の米国議会図書館の件名標目（Library of Congress Subject Headings：LCSH）の公開以降，各国の国立図書館等の公共図書館が作成したメタデータをオープン化する動きが進んでいる（LCSH 2009）。

　こういったオープン化，相互運用化の成果から，現在の国立情報学研究所のCiNi（National Institute of Information：NII）や国立研究開発法人科学技術振興機構（Japan Science and Technology Agency：JST）の J-STAGE，民間では Google Scholar や Microsoft Academic（2021年末でデータの更新終了）といった学術論文や研究書の統合検索サービスが可能となっている（NII 2004；JST 1998；

Google 2004；Microsoft 2016)。

　なお，学術分野によっては，PubMed のように専門分野のみを対象とする検索エンジンや出版社グループが提供する有償サービス等もあり，オープンと課金モデルのせめぎ合いが生じている分野でもある (NLM 1971)。

Web におけるオープンデータ

　インターネットは，1969年に米国西海岸のカリフォルニア大学ロサンゼルス校，カリフォルニア大学サンタバーバラ校，スタンフォード研究所，中部のユタ大学を結んだ米国国防総省の高等研究計画局ネットワーク (Advanced Research Projects Agency NETwork：ARPANET) から始まったため，当初から学術の分野でも利用されていたが，現在では日常生活に欠かせない公共インフラになりつつある。1989年に欧州原子核研究機構 (Organisation Europeenne pour la Recherche Nucleaire：CERN) のティム・バーナーズ・リー (Tim Berners Lee) により情報共有の方法として開発された Web についてもオープンデータを定義する動きがある。Web を通じた情報のオープン化の度合いについては，リーは，「5つ星オープンデータ (Five Star Open Data)」として，オープンデータが満たすべき性質を5段階で表現している (Five Star Open Date 2012)。表4-2はそれを説明したものである。

　この5段階では，データ単体の特性の段階で，紙資料を単にスキャンして電子化し公開（段階1）から非独占的フォーマット（段階3），外部との関係性にも注目した外部からのリンク可能（段階4）と外部へのリンク可能（段階5）までの公開度合いを表現している。

　Web に依拠した表現は多いものの，権利処理のオープン化，機械判読可能なデータ形式といった再利用や自動化に役立つ要因をうまく表現しているところに特徴がある。多くの公的なオープンデータをいう場合，このモデルの3段階目以上のデータを指すことが多い。

　一方で，途上国の中には，紙文書の行政文書をスキャナ等で取り込んでPDF にした情報しか公開していない場合も多い。こういった文書情報をデー

表 4-2　5 段階のモデル

段階	性質	例
1.　Open License：OL	フォーマットや形式は問わず公開されているデータ	画像化された PDF や JPEG
2.　Reusable：RE	機械可読で再利用可能なデータ	Microsoft Excel や Word など特定のアプリに依存するデータ形式
3.　Open Format：OF	非独占的なフォーマットで公開されているデータ	CSV（Comma Separated Value）など標準化されたデータ形式
4.　Uniform Resource Identifier：URI	URI を用いて個々のデータを表現することで「外部からの」リンクが可能なデータ	RDF（Resource Description Framework），XML（eXtensible Markup Language）など
5.　Linked Data：LD	「外部への」リンクを通じてコンテクストを提供するデータ	LOD（Linked Open Data）など

出典：Five Star Open Dataより筆者作成。

タ処理するには，光学的文字認識（Optical Character Recognition：OCR）ソフト等で読み取る前処理が必要であるが，途上国の中には，標準的なアルファベット以外の独自の文字体系を用いている場合もあり，効率的なデジタル化が出来ず，再利用に人手や時間がかかることが多い。

2　各国のオープンデータに関わる政策と評価

公共政策としての情報公開制度

　公共政策の観点からオープンデータは，金子郁容らや岩崎正洋らが述べているように，公的機関の情報公開の一部として議論されてきた経緯があり，情報公開制度からオープンデータにつながっていく動き見ていく（金子・藤沢市市民電子会議室運営委員会 2004；岩崎編 2005）。

　櫻井敬子によると，情報公開制度は，1766年スウェーデンの現行憲法典にも継承されている「出版の自由に関する法律（Tryckfrihetsförordning）」から始まったとされる（櫻井 2004）。その後，この考え方はフィンランド等の北欧諸国に広まった。しかし，現在につながる政府情報の情報公開制度を立法化した

ものは，1966年の米国の情報自由法（Freedom of Information Act：FOIA）である。

　土屋太洋によると，第2次世界大戦後，言論の自由の保証の中に情報受領権や情報収集権を含める米国連邦最高裁の解釈変更があったため，米国憲法修正第1条の「公的言論の自由の保証」について，「知る権利」として明文化し，FOIA が成立した（土屋 1998）。その後，1974年のプライバシー法（Privacy Act）により連邦政府が保有するプライバシー情報の取り扱いの変更が加えられ，1996年には電子的記録も範囲に含める改正がなされた。

　このような取り組みが早かったことから，オープンデータのより広範な概念である情報公開制度や電子政府の実現について，米国，そして北欧諸国やその他の英語圏諸国（英国やオーストラリアなど）は，各種ランキング[4]において概ね上位に位置している。

　一国内での制度や地域的な合意を超えた「国家間協定」あるいは「国際協調政策」としてオープンデータを捉えると，G8諸国では，2013年の英国の北アイルランド・ベルファスト・サミットにおける「オープンデータ憲章」の合意が起点となる（外務省 2013）。

　オープンデータ憲章の中に，オープンデータに対する立場として「オープンデータ5原則」があり，G8各国は，①原則としてのオープンデータ，②必要十分な質と量，③すべての者が利用できる，④改善したガバナンスのためのデータ公表，⑤イノベーションのためのデータの公表，の5原則を守るとしている。

　これに基づき，アクションプランが策定され，各国の「統計，地図，選挙結果，予算に関するデータ」を基本データ（key datasets）とし，各国の「企業，犯罪と司法，地球観測，教育，エネルギーと環境，財政と契約，地理空間，国際開発，政府の説明責任と民主主義，健康，科学と研究，統計，社会的流動性と福祉，交通とインフラに関するデータ」を高付加価値データ（high-value datasets）とし，これらをG8各国が公開することとなった。

国内におけるオープンデータ政策

日本においては，公的機関のオープンデータは，災害時や災害復興時に公共のデータを活用する際に実務上の要請があったことから，2011年の東日本大震災をきっかけに，本格的に注目されることとなった。

国の動きとしては，国のIT戦略の要として官邸に設置された高度情報通信ネットワーク社会推進戦略本部（IT戦略本部）（第57回）において，①政府自ら積極的に公共データを公開すること，②機械判読可能な形式で公開すること，③営利目的，非営利目的を問わず活用を促進すること，④取り組み可能な公共データから速やかに公開等の具体的な取り組みに着手し，成果を確実に蓄積していくことの4項目を基本原則とする「電子行政オープンデータ戦略」が2012年にとりまとめられた（IT戦略本部 2012）。

その後，高度情報通信ネットワーク社会推進戦略本部・官民データ活用推進戦略会議決定で，「オープンデータ基本指針」が2017年に決定された（IT戦略本部 2017）。その中で，オープンデータの意義は，①国民参加・官民協働の推進を通じた諸課題の解決，経済活性化，②行政の高度化・効率化，③透明性・信頼の向上であり，その要件は，①営利目的，非営利目的を問わず二次利用可能なルールが適用されたもの，②機械判読に適したもの，③無償で利用できるもの，としている。

情報公開の観点から2008年から始まっている政府統計の総合窓口「e-Stat」に加え，これらのオープンデータ政策を受けて，政府データのオープンデータカタログサイトとして，2013年から試行的に始まった「DATA.GO.JP」，様々な事業者や地方公共団体等によるオープンデータの利活用事例などをまとめている「オープンデータ100」が提供されている（IT総合戦略室 2017）。

DATA.GO.JPが採用した政府標準利用規約（第1.0版）には，「一定の利用形態の禁止」（たとえば，公序良俗に反する利用や国家・国民の安全に脅威を与える利用）という特別な利用制限があり，CCのライセンスとの互換性がなかったが，2015年に改訂された第2.0版では，CCのライセンスとの互換性が確保されることとなった（内閣官房 2014：2016）。

表4-3　G8諸国のオープンデータ特設サイトでのデータセット件数

国	URL	件数
米国	https://data.gov	275,241
カナダ	https://open.canada.ca	88,231
英国	https://data.gov.uk	50,846
ドイツ	https://www.govdata.de	44,012
イタリア	https://dati.gov.it	44,882
フランス	https://data.gouv.fr	36,887
日本	https://www.data.go.jp	27,169
ロシア	https://data.gov.ru	24,002

出典：各 URL の公開資料より筆者作成，2021年5月1日時点。

G8各国のオープンデータ政策の検討

　まず，表4-3でオープンデータに合意したG8（当時）のオープンデータ特設サイトでのデータセット掲載件数からその背景を見る。

　北米や英国と行った英語圏諸国での件数が多い。たとえば，前述のように米国では法整備が早かったことに加え，連邦政府職員による職務著作には著作権が発生しないため，大量のオープンデータ候補が存在していることが大きい。

　加えて，米国では，2009年の「透明性とオープンガバメントに関する覚書」に述べられた①透明性（transparency），②参加（participation），③協働（collaboration）の「オープンガバメント3原則」に基づき，さらなるオープンデータ促進のために，2013年5月の大統領令で，新たに生成される政府情報は基本的にオープンライセンスかつ機械が扱い易い形式での提供をすることとなった。また，知る権利に加え，政策や行政の評価や検証の義務化などの制度もデータのオープン化促進要因となっている。

　一方で，EU では，2003年に英国等の提案により，市民による情報へのアクセスよりも情報の再利用の経済的側面に焦点をあてた PSI 指令（Public Sector Information Directive）（2003/98/EC）が成立し，無償での提供や機械判読可能な形式での提供などを追加した2013年の同改正指令（2013/37/EU）があった。加

えて、ブレグジット以降もこの方針は継続・発展し、2019年には高価値データ
セットのリストの採用を無料で提供することを要求するオープンデータ指令
((EU) 2019/1024) が成立し、加盟国は2021年 7 月16日までに指令の国内法化が
求められている（EU 2019）。

　2010年に英国をはじめとした「オープン・ガバメント・パートナーシップ
(Open Government Partnership：OGP)」が発足し、2021年 5 月現在では、世界78
の参加国がこの OGP のオープンガバメント宣言に署名している（OGP 2011）。

オープンデータの経済効果分析

　EU ではオープンデータの推進の理由に、公的データの再利用による経済的
側面を挙げているが、根拠となる経済効果の測定の研究群があり、その結果が
PSI 指令となった。

　ヨーロッパ委員会（European Council：EC）の依頼で調査された結果はピラの
報告にまとめられ、EU が本格的な PSI の公開に踏み出す前の米欧の状況を比
較検討している（Pira 2000）。つまり、パブリックドメインとして政府情報に
著作権がなく、オープンデータを実行してきた米国と、各国政府がデータの独
占的管理をしてきた当時の EU との間での経済効果を比較している。

　その推計によると、EU 内での PSI 対応投資が約95億ユーロ、経済波及効果
が680億ユーロであった。経済波及効果からの自動的な歳入増を待たなくとも、
増税などで公開費用をまかなってもオープンデータ化による経済効果がはるか
に上回る推計結果であった。

　米国の行政府の職員による分析としては、ヴェイスによる報告がある（Weis
2004）。それによると、過去において、米国でも EU でも課金による公開費用
の回収を行ってきたが、双方とも上手くいかなかった例を挙げ、オープン化に
よる経済波及効果がもたらす税収増が課金額よりはるかに上回ることから、
オープン化を推進すべきであるとしている。

　EC からの政策レビューを求められたヴィカリーは、PSI のもたらす EU に
おける経済効果を文献研究で推計した（Vickery 2011）。その推計結果によると、

直接再利用市場は，最低でも EU 加盟国27カ国で，280億ユーロ（2008年時点）から320億ユーロ（2010年時点）であった。間接効果（経済波及効果）も含めると年間1,400億ユーロ程度になり，公開方式やデータ形式の改善を図れば，追加的に10%〜40%程度の経済効果が見込まれると推計した。

　日本における研究では，田中秀幸らは，公共データのオープン化のマクロ経済への影響は，1,586億円から7,010億円までの GDP 押し上げ効果があると推計している（田中・高木 2015）。

　全世界の研究では，マッキンゼーのレポートでは，年間3兆米ドルから5兆米ドルの経済的価値をもたらすという推計を行っている（Mckinsey 2013）。

　時点は異なるとはいえ，これらの推計の著者らは，（政府保有データのうち公開して差し支えのないデータに関しては）公開に係る費用よりも，オープンデータ化を民間等での活用したときの経済効果は，はるかに大きいとしている。そのため，経済成長の一部が間接的に政府部門の歳入増にもつながるため，費用を理由に推進を止める理由はないとしている。

3　オープンデータを活用した事例

公的オープンデータ活用事例

　日本国内において，はやくからオープンデータに取り組んだ自治体に福井県鯖江市がある。なお，鯖江市は，「Linked Open Data チャレンジ Japan」の第(7)1回公共 LOD 賞を受賞している（LOD 2011）。

　詳細は牧田泰一らに詳しいが，「鯖江市民主役条例」（2010年施行）に基づき，議論の基礎となる行政情報の公開を進めていた（牧田・藤原 2018）。当初は公共のトイレの情報の公開から始まり，これが公共 LOD 賞の対象であったが，XML，RDF によるオープンデータ化の推進政策である「データシティ鯖江」へとつながっていくこととなった（鯖江市 2010）。

　もちろん，中央政府や政令市でのオープンデータに比べると，公開されている情報の種類や量については見劣りするものの，すべての情報が XML か

RDF のデータ形式で提供されているのが特徴である。また，この鯖江市の取り組みがきっかけとなって，近隣の坂井市，越前市，敦賀市，福井市へとオープンデータ公開の動きが広まり，2013年には福井県内全市町の内容・様式を統一したデータを公開するようになった。

民間を含めたオープンデータの活用事例

2011年の東日本大震災直後，道路交通路の状態確認が喫緊の課題であった。しかし，被災地に職員を道路状況の確認のためだけに派遣することは優先順位が低く，現実的ではなかった。そこで，道路の通行実績から道路の状態を確認するために，2003年からホンダのカーナビ利用者間で共有されてきた「通行実績情報マップ」[8]が活用されることとなった。

これは，ホンダの双方向通信型カーナビゲーションシステム「インターナビ」を装着した「インターナビ・リンク　プレミアムクラブ」会員のクルマから生成される走行データをデータ通信によって共有するものである。なお，情報提供の事前同意は，オプトイン方式で，走行情報の提供者にはビックデータとして集約管理し，情報処理されて会員に提供されることが事前に同意されていた。

具体的には，通行実績情報が発災翌日から提供された。データの正確さを期すため，24時間以内の情報のみを毎朝10時に更新して，被災地に向かう人々へ提供し共有された。その後，他の自動車メーカーも情報を提供し始めるようになった。[9]

さらに，この通行実績情報は，検索大手の Google の「Google 自動車・通行実績情報マップ」や Yahoo! JAPAN の「Yahoo! 地図」の「道路通行実績情報」でも利用され公開されることとなった。

新型コロナウイルス感染症蔓延とオープンデータの未来

日本では大きな災害が起こったことがきっかけになって，オープンデータが促進されてきた経緯がある。2019年末から2020年初頭より，世界各国で新型コ

ロナウイルス感染症（COVID-19, 以下「コロナ」）が蔓延し，その対応を迫られ，様々な社会制度や法制度に変化が生じた。その中でも，オープンデータについては，国際的な協力体制あるいはシビックテック（Civic Tech）といった要因から，大いに促進されることとなった。

　全世界のデータを収集して分析し公開する取り組みは，ジョンズ・ホプキンス大学のコロナ感染状況ダッシュボードが有名であるが，その他に Wikipedia に各国保健当局から提供されたデータが集約されて公開されている。また，メディアでもニューヨーク・タイムズ等のメディアも積極的にデータを公開している。また，これらのデータを利用して Google は各国や各地域の今後の感染者数の予想を公開（2022年2月に予測データ更新を終了）していた（CSSE 2020；Wikipedia 2020；NYT 2020；Google 2020）。

　こういった情報公開や情報分析，あるいは将来予測を様々な主体が自動的もしくは半自動的にできるのは，オープンデータの利活用についての大きなメリットであるといえよう。

　しかし，国によっては公開頻度が低かったり，データが古かったりと公的データが分析に向かない場合がある。それにもかかわらず，このようなデータ分析が行われているのは，その他の入手可能な民間データ（自動車にあるジャイロセンサーや GPS 等の移動履歴や位置情報，鉄道や地下鉄などの運行情報や利用者数，携帯電話の基地局や携帯電話端末の GPS などから得られる位置情報，スーパーやコンビニでの販売データ，交通カードの使用履歴，モバイルペイメント・クレジットカード・電子マネーなどの決済情報，監視カメラの情報など）など利用可能名その他の情報と併せて分析したり，データ欠損を補う補正技術を用いたり，人工知能（Artificial Intelligence：AI）に代表される探索的なアルゴリズムを用いて補正や修正を加えた結果である。

　たとえば，中国や韓国では，コロナ対策アプリからの情報に加え，政府が利用可能な官民の情報をデータマイニングして，感染者追跡やリスク情報表示に利用している。

　米国では，各州の保健当局が対策の実施者であるが，たとえば，感染が起き

た地域のデータや地域の感染率などを速やかに公開して，立ち寄った可能性がある人への検査を呼びかけてきた。

　台湾では，当局から承認を受けた薬局のマスク在庫が分かる「マスクマップアプリ」が提供された。その結果，公定価格（一枚5新台湾元）で，「全民健保ICカード」（保険証）を提示すれば国民全員に平等にマスクを購入する機会が確保され，買い占めや売り惜しみが一掃された。こういった行政が管理するデータの公開では，情報のやりとりの仕方を公開するAPI（Application Programming Interface）を通じて，即時情報（live information）へのアクセスが可能となっている。

　さらに，韓国では，このような即時情報やデータベースから情報を引き出して利用する仕組みに，シビックテック（ボランタリーな市民参加によるプログラム）と呼ばれるボランタリーな市民参加によるプログラムやアプリ提供が加わって，「コロナ100m」や「コロナ・マップ」といったサービスやアプリが提供された。こういったサービスでは，感染が確認された人物の移動履歴やクラスターが発生した場所を検索して，自発的な対応ができる利便性がある。一方で，感染者のプライバシーやクラスターが発生した場所の運営者への配慮はなく，同様の手法がその他の国でもそのままの状態で利用可能であるとはいえない。

　日本の接触確認アプリでは，当初，同じくシビックテックのエンジニア民間団体である「Code for Japan」がオープンソース方式で開発を先行していた。しかし，GoogleおよびAppleが，接触確認アプリは，公的機関が責任を持って提供する一国一アプリに制限した。そのため，厚生労働省は，やむを得ず，新規に発注することとした。緊急性が高いため，補正予算等を待たず既存の予算流用を検討した結果，保健所との情報共有システムである「新型コロナウイルス感染者等情報把握・管理支援システム（HER-SYS）」の開発予算の仕様変更によりアプリ（COCOA）の開発費を捻出し対応することとなった。

　この接触確認アプリなどのコロナ対策アプリの活用は，国民のプライバシーを最大限守りながら，公衆衛生という公益を達成するという公共政策である。

先行した中国や韓国あるいは台湾や香港などの東アジア諸国の一部では，先の SARS（重症急性呼吸器症候群）や MERS（中東呼吸器症候群）の蔓延を経験していたので，個人のプライバシー配慮よりも公衆衛生の確保という公益を重視し，個人の移動履歴，行動履歴，決済履歴などがコロナ対策アプリで広範に使われることとなった（台湾はのちにプライバシーを重視した欧州型に移行）。

　一方で，欧州では，データ保護法制として，一般データ保護規則（General Data Protection Regulation：GDPR）の制約があるため，各国が最大限のプライバシーを守りながら，接触確認アプリを開発することとなる。

　ドイツ（アプリ名：Corona Warn App）やスイス（アプリ名：Swiss COVID）を中心とする国際共同グループ，フランス（アプリ名：Stop Covid，2020年10月以降は Tous Auti Covid として運用）やイングランドおよびウェールズ（アプリ名：NHS COVID-19）の独自開発などが乱立したが，ドイツを中心として EU 内での統合運用を目指して仕様の調整がはかられ，ルクセンブルクにある EC のデータセンターで各国アプリ間の相互運用（ケートウェイサービス）がなされることとなった[12]。

　ブレクジット後の英国では，スコットランド（アプリ名：NHS Test and Protect，2020年9月以降は Protect Scotland として運用2022年4月29日以降は接触確認機能停止）が独自開発したほか，北アイルランド（アプリ名：Stop COVID NI）とジブラルタル（アプリ名：Beat Covid Gibraltar）は，EU と陸路国境があるため，イングランドのアプリは使わず，アイルランド（アプリ名：COVID Tracker Ireland）（MIT ライセンス）から情報と開発の支援を受けて開発が行われた。

　このような重要性があり緊急性が高いプログラムのオープン化による国際協力の取り組みには，感染拡大初期の段階では，シンガポール（アプリ名：Trace Together）が中心となって，オーストラリア（アプリ名：COVIDSafe）とニュージーランド（アプリ名：NZ COVID Safe Tracer）といった例もあった[13]。ほかにも，同じくアイルランドから米国ニューイングランドのデラウェア州（アプリ名：COVID Alert DE），ペンシルバニア州（アプリ名：COVID Alert PA），ニューヨーク州（アプリ名：COVID Alert NY），ニュージャージー州（アプリ名：

COVID Alert NJ) という例もある。

注

⑴　なお，2002年に米国で始まった CC であるが，米国外で CC ライセンスが初め
　　てリリースされたのは2004年の日本である。

⑵　なお，有償論文検索・アクセスサービスの利用料金の高騰がきっかけとなり反対
　　する北米の有力大学が学内紀要等の雑誌の無償公開を始めたり，日本国内でも著作
　　権者の所属機関が機関レポジトリを公開して所属研究者が執筆した論文への無償ア
　　クセスを始めたりといった動きもある。

⑶　現在では憲法の一部となっていることから，日本語訳は，「各国憲法集（1）ス
　　ウェーデン憲法」を参照した。

⑷　たとえば，国連により 2003 年から公開されている「電子政府開発指数
　　（e-government development index：EGDI）」を参照。

⑸　地方自治体については，2015年に「地方公共団体オープンデータ推進ガイドライ
　　ン」が公表されている。

⑹　指令の第13条（1）で言及されている価値の高いデータセットとは，①地理空間，
　　②地球観測と環境，③気象学，④統計，⑤会社と会社の所有権，⑥可動性の6項目。

⑺　これまで見られなかった新たなデータづくり，データを共有する仕掛けや，デー
　　タの活用アイデアなどを「作品」として募集し評価している。評価している。

⑻　これらの貢献が認められ，社会貢献活動のデザインのカテゴリーで2011年度グッ
　　ドデザイン賞を受賞した。

⑼　2016年4月の熊本地震では，トヨタの T-Connect による実走行情報で「通れた
　　道マップ」，ホンダも走行軌跡データ「フローティングカーデータ」を公開してい
　　る。

⑽　ただし，その後，Apple や Google がコロナ関連のアプリについての公式アプリ
　　ストアにおける提供の審査方針が変更となり，新規提供が停止されたアプリが多数
　　ある。

⑾　Code for Japan は「まもりあい JAPAN」として作成したプログラムをオープン
　　ソースのソースコードを共有する最大手のサイトである GitHub で公開した。

⑿　ただし，独自方式のフランスとハンガリーおよび接触確認アプリを開発していな
　　いスウェーデンとルーマニアはこの取り組みには入らなかった。

⒀　なお，EU 各国が開発した接触確認アプリのソースコードは，行政の説明責任の

観点から，開発途上より GitHub などに公開されている。なお，日本の COCOA も主要部分のソースコードについて，参照したプログラム COVID-19 Radar の MPL のソースコードの公開規約に従い，公開の後に GitHub で公開されることとなった。

引用・参考文献

岩崎正洋編（2005）『e デモクラシー』日本経済評論社。

大向一輝（2016）「オープンデータと学術情報」『映像メディア学会誌』70(6)，852-856。

金子郁容・藤沢市市民電子会議室運営委員会（2004）『e デモクラシーへの挑戦——藤沢市市民電子会議室の歩み』岩波書店。

国立国会図書館調査及び立法考査局（2012）「各国憲法集（1）スウェーデン憲法」国会図書館。

櫻井敬子（2004）「行政機関情報公開法」『住民と公務員の行政六法概説』財団法人行政管理研究センター，5-7。

田中秀幸・高木聡一郎（2015）「インフラとしてのオープンデータ——政府・自治体保有データのオープン化が日本経済に及ぼす影響」『フィナンシャル・レビュー』，財務省財務総合政策研究所，4。

土屋大洋（1998）「米国における電子情報自由法の成立と利用——情報技術による市民のエンパワーメント」日本公共政策学会1998年度大会。

中川隆太郎（2015）「CC 4.0時代のオープンデータとライセンスデザイン」『情報の科学と技術』65(12)，509-514。

牧田泰一・藤原匡晃（2018）「官民一体のオープンデータ利活用の取り組み——先進県・福井，データシティ鯖江」『情報管理』60(11)，798-808。

森亮一・河島正治・大瀧保広（1996）「超流通——知的財産権処理のための電子技術」『情報処理』37(2)，155-161。

渡辺智暁（2013）「オープンデータにおける著作権とライセンス」『情報処理』54(12)，1232-1237。

Vickery, Graham, (2011), *Review of Recent Studies on PSI Reuse and Related Market Developments*, DG Connect, EC.

Weis, Peter, (2004), 'Borders in Cyberspace: Conflicting Public Sector Information Policies and their Economic Impacts', *Open Access and the Public Domain in*

Digital Data and Information for Science, National Academies Press, pp69-73.

Pira International, (2000), *Commercial Exploitation of Europe's Public Sector Information*, DG Connect, EC.

McKinsey Business Technology Office, (2013), *Open data: Unlocking innovation and performance with liquid information*, The McKinsey & Company.

外務省（2013），「オープンデータ憲章（概要）」，（2022年10月12日アクセス，https://www.mofa.go.jp/mofaj/gaiko/page23_000044.html）。

科学技術振興機構（JST），J-STAGE，（2022年10月12日アクセス，https://www.jstage.jst.go.jp）。

高度情報通信ネットワーク社会推進戦略本部（IT 戦略本部）（2012），「電子行政オープンデータ戦略」，（2022年10月12日アクセス［国立国会図書館インターネット資料収集保存事業（館内限定公開）］，https://warp.ndl.go.jp/info:ndljp/pid/12187388/www.kantei.go.jp/jp/singi/it2/pdf/120704_siryou2.pdf）。

高度情報通信ネットワーク社会推進戦略本部（IT 戦略本部）（2015），「電子行政オープンデータ戦略」，（2022年10月12日アクセス［国立国会図書館インターネット資料収集保存事業（館内限定公開）］，https://warp.da.ndl.go.jp/info:ndljp/pid/10383799/www.data.go.jp/data/en/dataset/cas_20150305_0001/resource/a173a235-5396-4677-aeee-35353c254292）。

高度情報通信ネットワーク社会推進戦略本部（IT 戦略本部）（2017），「電子行政オープンデータ基本指針」，（2022年10月12日アクセス，https://cio.go.jp/sites/default/files/uploads/documents/data_shishin.pdf）。

国立情報学研究所（NII），CiNii，（2022年10月12日アクセス，https://ci.nii.ac.jp）。

鯖江市オープンデータ，（2022年10月12日アクセス，https://www.city.sabae.fukui.jp/about_city/opendata/index.html）。

政府 CIO（公開時は内閣官房）（2014），「政府標準利用規約（第1.0版）」，（2022年10月12日アクセス［国立国会図書館インターネット資料収集保存事業（館内限定公開）］，https://warp.ndl.go.jp/info:ndljp/pid/11349030/www.data.go.jp/data/en/dataset/cas_20140901_0036）。

政府 CIO（公開時は内閣官房）（2015），「政府標準利用規約（第2.0版）」，（2022年10月12日アクセス，https://cio.go.jp/sites/default/files/uploads/documents/opendata_nijiriyou_betten1.pdf）。

総務省統計局「統計調査等業務の業務・システム最適化と政府統計共同利用システ

ム」（2022年10月12日アクセス，http://www.stat.go.jp/info/guide/public/index.html）。

総務省統計局政府統計の総合窓口（e-Stat），（2022年10月12日アクセス，https://www.e-stat.go.jp）。

ダブリン・コアメタデータ・イニシアティブ（Dublin Core Metadata Initiative：DCMI），（2022年10月12日アクセス，http://dublincore.org）。

デジタル庁（公開時は IT 総合戦略室）「オープンデータ100」，（2022年10月12日アクセス，https://www.digital.go.jp/resources/data_case_study/）。

デジタル庁（公開時は IT 本部）「データカタログサイト（DATA.GO.JP）」，（2022年10月12日アクセス，https://www.data.go.jp）。

トヨタ「通れた道マップ」，（2022年10月12日アクセス，https://www.toyota.co.jp/jpn/auto/passable_route/map/）。

まもりあい JAPAN，（2022年10月12日アクセス，https://github.com/mamori-i-japan）。

Beat Covid Gibraltar，（2022年10月12日アクセス，https://www.gibraltar.gov.gi/beatcovidapp, https://apps.apple.com/gb/app/beat-covid-gibraltar/id1514587092 および https://play.google.com/store/apps/details?id=com.gha.covid.tracker）。

BSD Licenses，（2022年10月12日アクセス，https://opensource.org/licenses/BSD-3-Clause）。

Budapest Open Access Initiative（BOAI），Read the Declaration，（2022年10月12日アクセス，https://www.budapestopenaccessinitiative.org/read/）。

COCOA，（2022年10月12日アクセス，https://www.mhlw.go.jp/stf/seisakunitsuite/bunya/cocoa_00138.html, https://apps.apple.com/jp/app/id1516764458 および https://play.google.com/store/apps/details?id=jp.go.mhlw.covid19radar）。

Corona-Warn-App，（2022年10月12日アクセス，https://www.coronawarn.app/de/, https://apps.apple.com/gb/app/corona-warn-app/id1512595757 および https://play.google.com/store/apps/details?id=de.rki.coronawarnapp）。

COVID Tracker Ireland，（2022年10月12日アクセス，https://www.covidtracker.ie/, https://apps.apple.com/jp/app/covid-tracker-ireland/id1505596721 および https://play.google.com/store/apps/details?id=com.covidtracker.hse）。

COVID Alert DE，（2022年10月12日アクセス，https://coronavirus.delaware.gov/covidalert/, https://apps.apple.com/jp/app/covid-alert-de/id1527783171 およ

び2022年8月5日アクセス，https://play.google.com/store/apps/details?id=gov.de.covidtracker)。

COVID Alert PA，（2022年10月12日アクセス，https://www.pa.gov/covid/stop-the-spread/covid-alert-pa/，https://apps.apple.com/jp/app/covid-alert-pennsylvania/id1527125511 および2022年6月1日アクセス，https://play.google.com/store/apps/details?id=gov.pa.covidtracker)。

COVID Alert NY，（2022年10月12日アクセス，https://coronavirus.health.ny.gov/covid-alert-ny，https://apps.apple.com/jp/app/covid-alert-ny/id1524123298 および https://play.google.com/store/apps/details?id=gov.ny.health.proximity)。

COVID Alert NJ，（2022年10月12日アクセス，https://covid19.nj.gov/pages/app，https://apps.apple.com/jp/app/covid-alert-nj/id1529622525 および https://play.google.com/store/apps/details?id=com.nj.gov.covidalert)。

COVID-19Radar，（2022年10月12日アクセス，https://lp-covid-19radarjapan.studio.site/)。

COVIDSafe，（2022年10月12日アクセス，https://www.health.gov.au/resources/apps-and-tools/covidsafe-app，https://apps.apple.com/au/app/covidsafe/id1509242894 および2022年8月5日アクセス，https://play.google.com/store/apps/details?id=au.gov.health.covidsafe)。

Creative Commons License，（2022年10月12日アクセス，https://creativecommons.org/licenses/)。

Debian, (2004), Debian Social Contract v. 1.1，（2022年10月12日アクセス，https://www.debian.org/social_contract)。

European Union (2019), Directive on open data and the re-use of public sector information，（2022年10月12日アクセス，https://digital-strategy.ec.europa.eu/en/policies/legislation-open-data)。

Five Star Open Data，（2022年10月12日アクセス，https://5stardata.info/en/)。

Google,「COVID-19感染予測」，（2022年10月12日アクセス，https://datastudio.google.com/reporting/8224d512-a76e-4d38-91c1-935ba119eb8f/page/ncZpB?s=nXbF2P6La2M)。

Google (2020), Interpretable Sequence Learning for COVID-19 Forecasting，（2022年10月12日アクセス，https://storage.googleapis.com/covid-external/COVID-19ForecastWhitePaper.pdf)。

Google Scholar，（2022年10月12日アクセス，http://scholar.google.com）。

GNU General Public License（GPL），（2022年10月12日アクセス，https://www.gnu.org/licenses/gpl-3.0.en.html）。

GNU Lesser General Public License（LGPL），（2022年10月12日アクセス，https://www.gnu.org/licenses/lgpl-3.0.en.html）。

Johns Hopkins University Center for Systems Science and Engineering (CSSE)，COVID-19 Dashboard，（2022年10月12日アクセス，https://gisanddata.maps.arcgis.com/apps/opsdashboard/index.html#/bda7594740fd40299423467b48e9ecf6）。

Library of Congress Subject Headings：LCSH，（2022年10月12日アクセス，https://id.loc.gov/authorities/subjects.html）。

LOD「Linked Open Date チャレンジ Japan 2011 受賞作品」（2022年10月12日アクセス，https://www.lodc.jp/challenge2011/result2011.html）。

MIT License，（2022年10月12日アクセス，https://opensource.org/licenses/MIT）。

Microsoft Academic，（2022年10月12日アクセス，https://academic.microsoft.com/home）。

Mozilla Public License，（2022年10月12日アクセス，https://www.mozilla.org/en-US/MPL/）。

New York Times (NYT), Coronavirus in the U.S.，（2022年10月12日アクセス，https://www.nytimes.com/interactive/2021/us/covid-cases.html）。

NHS COVID-19，（2022年10月12日アクセス，https://www.gov.uk/government/collections/nhs-covid-19-app，https://apps.apple.com/jp/app/nhs-covid-19/id1520427663 および https://play.google.com/store/apps/details?id=uk.nhs.covid19.production）。

NZ COVID Tracer，（2022年10月12日アクセス，https://www.health.govt.nz/covid-19-novel-coronavirus/covid-19-resources-and-tools/nz-covid-tracer-app，https://apps.apple.com/nz/app/nz-covid-tracer/id1511667597 および https://play.google.com/store/apps/details?id=nz.govt.health.covidtracer）。

Open Government Partnership (2011), Open Government Declaration，（2022年10月12日アクセス，https://www.opengovpartnership.org/process/joining-ogp/open-government-declaration/）。

Open Knowledge Foundation (2009), OPEN DATA HANDBOOK，（2022年10月12日アクセス，http://opendatahandbook.org/guide/en/）。

Open Source Initiative, (2007), The Open Source Definition v. 1.9, （2022年10月12日アクセス，https://opensource.org/osd）。

OSI, Licenses & Standards, （2022年10月12日アクセス，https://opensource.org/licenses/）。

Protect Scotland, （2022年10月12日アクセス，https://protect.scot/，https://apps.apple.com/gb/app/id1526637715 および https://play.google.com/store/apps/details?id=gov.scot.covidtracker）。

PubMed, （2022年10月12日アクセス，https://pubmed.ncbi.nlm.nih.gov）。

StopCOVID NI, （2022年10月12日アクセス，https://covid-19.hscni.net/stop-covid-ni-mobile-app/，https://apps.apple.com/gb/app/stopcovidni/id1519404160 およ び https://play.google.com/store/apps/details?id=net.hscni.covidtracker）。

Swiss COVID, （2022年6月1日アクセス［ダウンロードはスイス連邦内に限定］，https://www.bag.admin.ch/bag/en/home/krankheiten/ausbrueche-epidemien-pandemien/aktuelle-ausbrueche-epidemien/novel-cov/swisscovid-app-und-contact-tracing.html，https://apps.apple.com/ch/app/id1509275381 および https://play.google.com/store/apps/details?id=ch.admin.bag.dp3t&hl=de_CH）。

TousAntiCovid, （2022年10月12日アクセス，https://bonjour.tousanticovid.gouv.fr/en/，https://apps.apple.com/app/id1511279125 および https://play.google.com/store/apps/details?id=fr.gouv.android.stopcovid）。

Trace Together, （2022年10月12日アクセス，https://www.tracetogether.gov.sg/，https://apps.apple.com/jp/app/tracetogether/id1498276074 および https://play.google.com/store/apps/details?id=sg.gov.tech.bluetrace）。

United Nations, e-government development index （EGDI）, （2022年10月12日アクセス，https://publicadministration.un.org/egovkb/Data-Center）。

United States National Library of Medicine：NLM, （2022年10月12日アクセス，PubMed https://pubmed.ncbi.nlm.nih.gov）。

Wikipedia (2020), Template: COVID-19 pandemic data, （2022年10月12日アクセス，https://en.wikipedia.org/wiki/Template:COVID-19_pandemic_data）。

■　　■　　■

読書案内

宇賀克也（2019）『情報公開・オープンデータ・公文書管理』有斐閣

　情報公開・オープンデータ・公文書管理といったオープンデータに関わる諸制度に関するそれぞれの研究について集めてあり，各国の情報や判例も丁寧に解説してあり，法的制度を学ぶ上では参考になる。

原隆浩（2017）『ビッグデータ解析の現在と未来——Hadoop, NoSQL，深層学習から
　　オープンデータまで』共立出版。

　オープンデータや企業内の膨大なデータ（ビックデータ）及びその分析手法について丁寧に解説している。

エリック・スティーブン・レイモンド（1999）『伽藍とバザール』山形浩生訳，光芒
　　社。

　現在の Android OS の基礎となっている分散的でオープンな開発の典型である
LINUX　OS の開発モデルの成功要因の分析がなされている。

練習問題

①　政府部門が所有するデータをオープン化する場合，どのような点に配慮する必要
　があるか考えてみよう。
②　民間企業が，自社保有のデータをオープンにするかどうか判断する場合，どのよ
　うな要因を考慮すべきか調べてみよう。
③　オープンにされたデータを利活用する主体にとって，どのような要因が利用を萎
　縮することになるか挙げてみよう。

（上田昌史）

第II部
政策のための情報

第**5**章

政策形成プロセスにおけるエビデンスと情報

―― この章で学ぶこと ――

　本章では，政策形成のプロセスにおいて，情報がどのようにエビデンスとしての機能を果たすかということについて学習する。

　第1節では，政策形成の構造について学習する。政策形成のプロセスの特性について検討し，政策形成の各段階で求められるエビデンスについて検討する。

　第2節では，問題発見の段階において情報が果たす機能について学習する。どのような情報をエビデンスとして政策問題が感知され，どのような情報をもとに問題のフレーミングが行われるのかについて検討する。

　第3節では，問題構造化の段階において情報が果たす機能について学習する。問題要因の探索でエビデンスとして取り扱われる情報について検討し，問題要因間の関連性分析において情報が果たす役割について検討する。

　第4節では，政策案策定の段階において情報が果たす機能について学習する。社会状況に関する分析がどのような情報をもとに行われるか検討し，政策手段の選択においてどのような情報がエビデンスとして用いられるかについて検討する。

1　政策形成の構造

政策形成とエビデンス

　「社会問題の解決の方向性と具体的手段」である公共政策をどのように形成するべきかということは，「政策科学（policy sciences）」や「公共政策学（policy studies）」において常に議論の中心にあり，多くの検討が進められてきた（秋吉・伊藤・北山 2020）。

　特に，初期の政策科学では「自動化の選好」とも称されるように，政策分析

手法の高度化が進められる中で，政策決定から「政治」を排除する「合理的意思決定」の実現が目指された。政府の予算編成方式である PPBS（Planning Programming Budgeting System：計画プログラム予算システム）の失敗とともに合理的意思決定の限界が次第に認識されたものの，政策分析・政策評価結果の活用といったように，政策形成のあり方の検討は継続されていった。

　そして，近年，特に重要視されているのが，政策を形成していくうえでの「エビデンス（evidence）」である。日本においても「EBPM（Evidence-based Policy Making：エビデンスに基づいた政策形成）」が中央府省から地方自治体まで広く注目されており，エビデンスという言葉を一度は聞いたことがあるだろう。

　「エビデンス」は一般には「根拠」や「証拠」と訳されるように，政策を形成していくうえでの判断材料となるものである。たとえば，中心市街地活性化対策の一つとして，複合施設の建設が計画されるとする。その検討の際には当然のことながら当該施設が活性化に向けてどのような効果をもたらすのか，たとえばどの程度集客が可能かといったことが重視される。言い換えれば，その施設の建設によって見込まれる効果が「エビデンス」として示されることによって，建設への合意形成・決定へとつながってくる。前述した EBPM においては，さらにエビデンスが「科学的」であることが求められる。たとえば，中学生の英語能力の向上において特定の教育メソッドの採用を検討するとする。その際にはただそのメソッドの効果を示すだけではなく，RCT（Randomized Controlled Trial：ランダム化比較試験）として知られているように，「当該メソッドを適用したグループ（介入群）」と「当該メソッドを使用しなかったグループ（対照群）」との差を（当該メソッドによる）「効果」とする。まさに自然科学の実験と同様のやり方で効果を測定し，それを「エビデンス」として示すのである。

　このエビデンスについては様々な類型（区分）があるが，たとえば，英国の教育政策では，①統計エビデンス（statistical evidence），②監査エビデンス（inspection evidence），③研究エビデンス（research evidence），という区分があることが紹介されている（惣脇 2010：157）。

　第一の統計エビデンスとは調査統計データに基づいた（政府機関や専門家によ

る）将来推計や評価によって得られるエビデンスであり，第二の監査エビデンスとは政府機関の視察によって得られるエビデンスであり，第三の研究エビデンスとは政府機関による委託研究をはじめとした様々な研究によって得られるエビデンスであるとされる（惣脇 2010：157）。

　実際に政策の現場においては前述した RCT によって得られる科学的なエビデンス（研究エビデンス）のみではなく，広く多くのエビデンスが用いられている。そのため，本章においてもエビデンスは広義のものとして捉え，以下で検討していく。

政策形成の 4 つの段階

　公共政策の形成におけるエビデンスと情報について考える際に重要になってくるのが政策形成のプロセスである。「公共政策とエビデンス・情報」と聞くと，政策案を設計・選択する段階でのエビデンスや情報が焦点になってくると考える人が多いかもしれない。しかし，政策案を設計・選択する段階以外においてもエビデンスや情報は必要になってくるのである。

　ある特定の社会の状態，たとえば「若年層の失業率が上昇している」という状態があったとする。このような状態は望ましいことではないため，すぐに対策が必要であると考えられるだろう。しかし，「望ましくない状態」があるからといっても，そのような状態が「政策問題」として認識されなければ，言い換えれば「何らかの対策が必要である」と認識されなければ対策の検討は始められない。前述した若年層の失業率の上昇についても，それが「社会の問題である」と広く認識されなければ（認識が共有されなければ）失業率が高い状態は放置されたままになる。また，そもそもその望ましくない状態が社会に存在しているということが発見されなければ，たとえば若年層の失業率が上昇しているという状態が各種統計等によって「発見」されなければ，そのような問題状況は「存在しないもの」となるのである。このように，政策形成のプロセスでは，政策案を策定・選択する段階だけでなく，政策問題が発見される段階から見ていかなければならないのである。

　それでは，公共政策はどのように形成されるのだろうか。政策形成のプロセスについては様々な区分の仕方はあるが，ここでは大きく，①問題発見，②問題構造化，③政策案策定，④政策決定，という４つの段階を取り上げる。

　各段階の詳細については各節で後述していくが，それぞれの段階の特徴をまずは簡単に見ていこう。

　第一の「問題発見」の段階とは，先ほど述べたように社会において「望ましくない状態」が見つけ出され，そのような社会の状態が「政策問題」として設定される（もしくは設定されない）という段階である。

　第二の「問題構造化」の段階とは，「政策問題」と設定された問題について，その問題を構成する要因（原因）が探索され，さらにその要因間の関係が分析されるという段階である。

　第三の「政策案策定」の段階とは，政策をめぐる社会経済環境について予測が行われ，その予測を踏まえた上で各種の政策手段を組み合わせて政策案を策定していく段階である。

　第四の「政策決定」の段階とは，策定された政策案がどのような効果をもたらすかということが分析され，その分析結果を踏まえて政策案が決定される段階である。

2　問題発見におけるエビデンスと情報
——問題の感知とフレーミング——

問題の感知

　政策形成プロセスにおいてまず重要になってくるのが，政策問題の存在が感知されること，すなわち社会において「望ましくない状態」が「存在している」ことが認知されることである。前述したように，問題となるような状態が社会に存在していても，その存在が認識されなければ，その問題は「存在しないもの」となるのである。

　政策問題として認識されるためには，その「（社会において）望ましくない状

態」に対して，政策問題の担当者が注目する必要がある。当該政策分野を管轄する府省や自治体の職員，国会議員や地方議員といったアクターが多くの問題（「望ましくない状態」）の中から，特定の問題に注目しなければ，対策に向けた動きにはつながっていかないのである。

　それでは，どのような要因によって，ある特定の問題が注目されるのだろうか。公共政策学においては，ある特定の問題が注目される要因として，①重大事件の発生，②社会指標の悪化，③専門家による分析，④裁判での判決，という4つが挙げられている（秋吉 2017；伊藤 2020）。この4つの中で，特に「エビデンスと情報」の観点から重要になってくるのが，「社会指標の悪化」と「専門家による分析」である。

　前者の「社会指標の悪化」とは，政策を担当する部局（政策担当部局）が問題の状態を示す各種指標の悪化を感知することである。中央府省はそれぞれ担当する政策分野が「厚生労働省設置法」といった「設置法」によって定められている。当該政策分野に関して各府省は責任を持つため，当然のことながら社会状況に関する各種データが必要となる。そのため，伝統的には各府省には統計収集のための専門部局が設置され，政策関連情報となるデータが収集されてきた（砂原 2017）。たとえば，厚生労働省では，「我が国の人口動態事象を把握し，人口及び厚生労働行政施策の基礎資料を得ることを目的とする」とした上で，市町村の協力のもと人口動態に関する「人口動態調査」（https://www.mhlw.go.jp/toukei/list/81-1.html）が行われ，同調査をもとに「人口動態統計」が収集されている。また，近年では，政府組織の制度改革が進められる中で政府統計のいわば「司令塔」となる組織として内閣府に「統計委員会」が設置されることとなった（その後，総務省に移管された）（松井 2012；砂原 2017）。

　これらの政府による統計指標は，社会の状態を示すものとして注目されるため，それらの数値が悪化するとメディアで取り上げられ，一気に政策問題としての認識されることも少なくない。少子化問題の特殊出生率の低下による「1.57ショック」は公共政策学でもその代表例としてよく紹介されるが（秋吉 2017；伊藤 2020），記憶に新しいところでは「空き家率」があるだろう。総務

省統計局による「住宅・土地統計調査」において，2015年に発表された統計数値において空き家数が全国の住戸の13.5％（820万戸）となり，過去最高の数値となったことが注目を集め，一気に社会問題化していった。

　以上のように，中央政府・地方政府が収集する政府統計によるデータが，まさに「（政策）情報」として社会における「望ましくない状態」の感知につながっていくのである。

　後者の「専門家による分析」とは，大学の研究者をはじめとした専門家が社会での「望ましくない状態」を発見・分析し，報告書や論文等で分析結果を示すことである。専門性の高さから通常は世間一般で話題になることは少ないが，分析結果が社会にとって深刻な内容である場合にはメディアにおいてセンセーショナルに報道され，問題への注目が一気に高まることになる。

　ローマクラブによる研究レポート『成長の限界』（1972年）はその古典的な代表例である（秋吉 2017）。近年注目されたものとしては日本創成会議（座長・増田寛也氏）による『地方消滅』（通称増田レポート）が挙げられるだろう（増田編著 2014）。同書では20歳から39歳の女性人口に注目し，2010年から40年にかけて同人口が半減する自治体を「消滅可能性都市」とした上で，特に地方での人口減少の問題を指摘した。「消滅（可能性）」という言葉のインパクトもあり，地方活性化・地方再生が重要政策課題として霞が関ならびに当事者である地方自治体において急速認識されることになったのである。

　以上のように，専門家による分析は，同様に「（政策）情報」として社会における「望ましくない状態」の感知につながっていくのである。

問題のフレーミング

　社会での「望ましくない状態」への注目が集まり，「問題」として認識されたとする。たとえば，「新卒学生の就職率が低下している」という「望ましくない状態」に関する統計数値が発表され，それがメディアで報道され，政策担当者の注目を集めたとする。「就職率（の低下）」という問題の深刻さを示す統計数値という「エビデンス（統計エビデンス）」も存在していることから，問題

の状態が認知されれば，即座に「政策問題」として「新卒学生の就職難」が認識され，新卒学生への就職支援（政策）が検討されると思うかもしれない。

　しかし，残念ながら，「問題としての認識」が「政策問題への対策」に直接的にはつながるわけではない。そこには「フレーミング」という段階があり，そこでどのように問題が定式化されるかによって，問題の対応が左右されるのである。

　フレーミングとは，端的には（問題の）「フレーム（枠）」を設定するということであり，ある問題となっている状態に対し，「どのような」問題であるかということを設定することである。このことは自動的に行われる作業のように思われるかもしれないが，「望ましくない状態」に対しては様々なフレームを設定することが可能である。たとえば，前述した「新卒学生の就職率が低下している」という状態についても，「（学生の能力を育成する）高等教育政策の問題」とすることも可能であるし，「大学でのキャリア教育実践の問題」とすることも可能であるし，「学生個人の問題」とすることも可能である。そして，当然のことながら「どのような問題」とするかによって，（問題となっている状態への）政策（対応策）も異なってくるのである。「高等教育政策の問題」となると文部科学省を中心に新しい高等教育政策のあり方が議論され，「大学でのキャリア教育実践の問題」となると（文部科学省にとっての問題というよりも）各大学個別の問題となって議論が進められる。「学生個人の問題」となると学生以外だれも責任をもって対応しないのである。

　このように，社会における「望ましくない状態」に対して様々なフレームの設定が可能であるため，それらのフレームの中でどのフレームを選択するかということについて対立が生じることになる。前述した新卒学生の就職難に関しても「だれの責任」であるかということに直結してくるため，どのフレームを設定するかということには政治性がある。そのため，どのフレームを設定するのが妥当かを決めるにはエビデンスが必要になり，またそのエビデンスを形成するための情報も同時に求められるのである。政策議論（policy argument）においては「根拠・データ」をもとに「論拠」を示すことによって「主張」につ

ながってくる⁽¹⁾（トゥールミン 2003＝2011；松田 2012；秋吉 2020）。そこでは，同じ「根拠・データ」でも，どのような「論拠」を示すかということによって異なる「主張」となるように，「論拠」の「裏づけ」となる情報も重要になってくるのである。

　また，メディアがどのように報道するかという（報道の）フレームによって視聴者の受け取り方が異なり，それが問題のフレーミングに差が生じることは認知心理学で指摘されている（箱田他 2010）。たとえば，大学生の就職難という状況について，特定の大学生に焦点をあてて報道する「エピソード型フレーム」では視聴者は問題の責任をその個人に帰する傾向があるのに対し，政府統計等に焦点をあてて報道する「テーマ型フレーム」では視聴者は問題の責任を政府に帰する傾向があるとされる。このことが示すように，「情報」がどのように提示（報道）されるかということが，問題のフレーミングにも影響してくるのである。

3　問題構造化におけるエビデンスと情報
——問題要因の探索と関連性の分析——

問題要因の探索

　政策問題が定式化され，「政府が対応すべき問題」として認識されると問題への対応が始まってくる。そこで行われるのが「問題構造化」である。「構造化」と聞くと非常に難しいことのように思われるかもしれないが，要は問題を構成する要因と要因間の関連性を分析することである。

　まず，政策問題に関してはその問題の要因の探索が行われる。たとえば，「地元の温泉観光地の衰退」という問題であれば，温泉観光地への来客数の減少や一宿泊施設あたりの利益の低下につながる原因が探索されていくのである。

　問題の要因の探索には，ロジックツリーやKJ法に代表される要因探索手法が用いられる（秋吉 2017）。

　ロジックツリーとは，端的には問題となっている状態を論理的に分割し，問

題要因を探索していく手法である。たとえば，「温泉観光地の衰退」という問題であれば，「観光地への来客数の減少」「宿泊施設の利益の低下」といった下位の問題（サブ問題）に分割し，さらに「来客数の減少」というサブ問題であれば「新規客の減少」と「リピーターの減少」といったように，サブ問題をさらに論理的に分割していき，その構成要因を探索していく手法である。

KJ 法とはブレインストーミングとともに用いられる情報整理・情報探索法である。そこでは，特定の政策問題を構成する要因について集団で議論を行いながら探索し，そこででてきた情報（要因）について可視化させながら整理し，それをもとにまた新たな要因を見つけだしていく。たとえば，温泉観光地の来客数減少問題であれば，参加者全員で議論をしながら問題の要因（「観光名所が少ない」）等をポストイット等で「一行見出し」の形で示していく。そして，ブレインストーミングで出された要因の中で，関連性のある要因をグループとしてまとめ（可視化し），見落とされている要因が探索・追加されていくのである。

この問題要因の探索では，言うまでもなく「情報」の存在が重要になってくる。特に KJ 法では問題に関連するアクターの参加が重要視される。例えば，温泉観光地の衰退の問題であれば政策担当者や事業者だけでなく利用者からの意見が必要なように，いかに関連するアクターからの情報をもとに要因を検討していくかが重要である。

要因間関係の分析

政策問題を構成する要因がピックアップされたとして，その次に重要になってくるのがその要因間の関連性の分析である。公共政策学において政策問題の「複雑性」を構成するものの一つとして「全体性」が挙げられているように（秋吉 2017），政策問題では多様な問題が複雑に関係し，そのことが問題の解決を困難にしている。たとえば，「幹線道路の渋滞」といった問題についても，単に道路容量の問題だけではないことはすぐにわかるであろう。公共交通システムの問題であったり，都市開発の問題であったり，様々な問題が関連してくるのである。そして，一つの問題内においても，問題を構成する要因が他の要

因に影響を及ぼしてくる。前述した温泉観光地の衰退の問題であっても，観光名所の少なさが観光地の魅力の低下につながるといったように，要因間でどのように関係しているかということの分析が求められるのである。

　ロジックツリーを使用した場合，そこで抽出された要因をもとに「問題相関図」が作成されるが，そこで問題要因間の関係が分析される。KJ法においても「一行見出し」をグループ化していくのとあわせ，グループ間での影響関係が検討される。

　当然のことながら，この要因間の関係の分析において「情報」と「エビデンス」は重要な役割を果たす。相互の要因に関する「情報」をもとに関係性が検討されるが，より厳密に関係性を分析する場合には，統計データをもとに相関関係の分析が行われたり，因果関係の分析が行われたりし，それを「エビデンス」として関係性を見出すのである。

　さらに，政策問題の構造を分析していく上で特に重要になってくるのが「フィードバックループ」の存在である。通常は問題要因A→要因B→要因Cといった要因間の関係が想定されるが，問題の中には問題要因A→要因B→要因C→要因D→要因A→……といったように，要因のループ，すなわち「循環」が存在している場合がある。そして，特に深刻な問題であるほど，そこには問題を深刻化させていく「悪循環」が潜んでいることが多い。たとえば，温泉観光地の衰退の問題でも，大きなフィードバックループとして「「来客数の減少」→「業績不振」→「観光施設の閉鎖」→「観光地の魅力低下」→「来客数の減少」→……」といった悪循環があるように，より問題が深刻化していく構造が存在しているのである。

　このフィードバックループの分析においても，「情報」と「エビデンス」は重要な役割を果たす。相互の要因に関しては当然のことながら「情報」をもとにループが検討される。そして，要因間の関係性をより厳密に分析する場合には，統計データをもとに相関関係の分析が行われたり，因果関係の分析が行われたりし，それを「エビデンス」としてループの存在を見出すのである。

4　政策案策定におけるエビデンスと情報
——予測と政策手段選択——

社会経済環境の予測

　問題の構造が分析された後は政策案を策定する段階となるが，具体的な手法を検討していく前の段階として行われるのが，社会状況の分析である。

　問題の構造化によって，問題を発生させる要因と要因間の関係が見出されるが，それは分析時点での関係であることは否めない。政策問題の複雑性を構成する要因の1つに「動態性」があるように（秋吉 2017；秋吉 2020），問題の構造自体変動していくものである。例えば，商店街の衰退の問題にしても，将来的な社会経済環境の変化によって多大な影響受けることになる。

　そのため，政策案を策定する前段階として（あるいは問題の構造化と並行して）社会経済環境の予測が行われる。その代表的なものとして挙げられるのが，当該地域の「将来人口」である。現在，地方において「人口減少」が問題視されているように，人口は当該地域の経済活動に多大な影響を及ぼすものである。また，人口に応じて行政サービスの規模が決定されるといったように，行政の活動にも大きく影響してくる。

　人口予測手法としてよく知られているのが「コーホート法」があり，わが国をはじめとして各国で採用されている（和田 2015）。同手法ではある一定期間（たとえば1980年1月1日から12月31日）での出生児をコーホート（集団）とし，全人口において複数のコーホートを設定する。そして，当該コーホートの減少や，新生児のコーホートの増加をもとに（それらを足し合わせていく形で）将来の人口を推計する。

　そこで重要になってくるのが，人口動態に関する「情報」である。人口の減少や増加のベースとなるのは死亡率や出生率であり，また地域の人口（推計）であれば過去の人口変動という情報をもとに転入・転出率が算出されるように，各種の「情報」によって予測が支えられているのである。

政策手段の検討

　政策案の検討は社会経済環境の予測をもとに進められる。繰り返すまでもなく，政策問題を解決するために政策案が策定されるが，具体的な手段に関しては様々なものがある。たとえば，環境問題（大気汚染）の解決についても，汚染物質の排出を政府が制限（規制）する手段から，環境の重要性や危機を人々に訴え，意識を変化させる（啓発する）手段まで多様なものが存在している。

　公共政策学では，政策の手段としては，①直接供給，②直接規制，③経済的インセンティブ，④情報提供，が挙げられている（秋吉 2017；北山 2020）。

　第一の「直接供給」とは，政府が財やサービスを直接住民に対して供給するという政策手段である。その代表が「公共財」という財であり，国防や道路といった財については「消費の非競合性」「排除不可能性」という 2 つの性質から市場での供給が困難であるため，政府が直接供給するのである。また，「価値財」と呼ばれる財も直接供給されることが多い（北山 2020）。価値財として挙げられるのが学校教育である。私立学校が存在しているように，学校教育（サービス）は市場で供給することは可能である。

　第二の「直接規制」とは，企業や個人の自由な活動を政府が制限（規制）するという政策手段である。本来，（自由経済社会であれば）企業や個人はどのような活動をとっても自由である。しかし，社会にとってその活動が問題となってくる場合には政府が強制力をもって規制するのであり，大きく，市場への新規参入等の経済的活動に関する規制をかける「経済的規制」と，排出基準等の社会の安全秩序に関する規制をかける「社会的規制」という 2 つがある。

　第三の「経済的インセンティブ」とは，政策目的を達成するための仕組みを設計する政策手段である。「経済的手段」や「誘引」とも称されるように，主に金銭的な「誘因」を与え，個人や企業が特定の行為をとるように（もしくはとらないように）する手段である。経済的インセンティブには，大きく「補助」と「負担」がある。「補助」では，補助金・助成金や税制上特例や政策融資といったように，企業や個人に金銭的な補助を与え（金銭を誘因として）政策目的の達成につながるように特定の行動をとってもらうのである。たとえば，企業

が失敗するリスクの高い新規技術の開発に取り組んでもらうために，補助金・助成金制度を作り，新規技術の開発を進めていくのである。反対に，「負担」では，（罰則型）課徴金や課税といったように，企業や個人に金銭的な負担を与え（金銭を誘因として）政策目的の達成につながるように特定の行動をとらないようにするのである。たとえば，大気汚染物質を削減するために，ガソリンに高い税金をかけ，ガソリンの消費を抑えるのである。

　第四の「情報提供」とは，企業や個人に特定の「情報」を与えることによって意識を変化させ，政策目的の達成につながる行動をとってもらうのである。例えば，環境問題の深刻さと環境保全への取り組みの必要性についての情報を提供することによって，企業や個人が環境保全に向けた行動をとるように啓発するのである。近年では，「ナッジ」として，この情報提供の手法が注目されている。「ナッジ」とは「肘でそっと押す」という意味の言葉であり，例えば，税金の納付率向上のために，地域全体の納税率の情報を新たに提供するといったように，行政が住民への情報提供の方法を変更することによって人々の行動を変容させるというものである（北山 2020；大竹 2019）。

　政策形成においてはこれらの4つの政策手段（「直接供給」「直接規制」「経済的インセンティブ」「情報提供」）がそれぞれもたらす効果が検討された上で，「ポリシーミックス」として手段の組み合わせが検討される。そこでは，当然のことながら「情報」さらには「エビデンス」が重要になってくる。たとえば，前述したガソリンへの課税による効果を検討するには，まずガソリンの需要に関する「需要曲線」に関する「情報」が必要となり，さらにそこでの「価格弾力性」が課税の効果に向けた「エビデンス」となるのである。そして，他の手法のそれぞれの効果についての「情報」がポリシーミックスにむけての「エビデンス」となり，政策案として提示されるのである。

─ コラム⑤　PBEM の加速？ ─

　科学的エビデンスに基づいて政策を決定するということは，政策科学の教科書を紐
解くまでもなく長い歴史があるが，EBPM として提示されたのは1990年代後半の英
国のブレア政権での試みとされる（古矢 2017；杉谷 2020）。当時の日本では，政策
評価への注目と制度導入の流れがあったこともあり，関心はほとんど高まることはな
かった。

　しかし，2010年代に入ると次第に EBPM が注目されるようになってきた。当初は
科学技術イノベーション政策といった特定の政策領域において EBPM への言及がさ
れていたが，2010年代後半になると政府統計の改革の議論の中で EBPM が注目され
た（古矢 2017）。そして，経済財政諮問会議の答申を経て，2017年 6 月に閣議決定さ
れた「経済財政運営と改革の基本方針2017──人材への投資を通じた生産性向上」
（骨太方針）において EBPM と統計改革の推進が明記され，2018年には各府省にお
いて EBPM 推進のための体制が構築されるといったように，急速に EBPM への取
り組みが進められている（深谷 2020）。さらに，霞が関での EBPM への熱量はその
まま地方自治体にも伝わりつつあり，限定的ではあるものの一部の自治体では
EBPM の実施が検討され，その課題について検討する論考も見られるようになった。

　日本での急速な EBPM への取り組みについては，EBPM をめぐる概念の混乱や取
り組みの整合性の欠如といった問題の存在は否めないものの（杉谷 2021），EBPM
をめぐる議論の中で共通しているのは，従来の政策決定への危機感であろう（鈴木
2018）。現実の政策決定では，政策担当者が作成する「エピソード」をベースとした，
合理的根拠のない政策が決定される（Episode-based Policy Making）という問題や，
特定の政策を実現するために，（その政策に都合の良い）エビデンスを作成する
（Policy-Based Evidence Making：PBEM）という問題があることが指摘される。
EBPM が実現することによって，これらの問題が改善され，合理的な政策決定へと
つながるとされる。

　RCT の代表的な研究者であるアビジット・バナジー教授らのノーベル経済学賞受
賞や，因果的推論関連書籍の相次ぐ刊行もあり，EBPM への期待と推進は加速して
いくと考えられる。しかし，筆者には EBPM が推進するにつれて，前述の PBEM
が加速していくことが危惧されるのである。「エビデンス」をもとに政策が決定され
るということになれば，実現したい政策をサポートする「エビデンス」を作成するこ
と，すなわち PBEM へのインセンティブは当然のことながら高まっていくものであ
る。近年，統計不正問題が相次いで発覚する中，まさに EBPM との両輪とされてき
た統計改革をどのように進めていくかが非常に重要になるのである。

注

(1) 政策議論のモデルとしてよく知られるのが，トゥールミンによって提示された議論のモデルである。同モデルの詳細についてはトゥールミン（2011〔2003〕），松田（2012）を参照されたい。

引用・参考文献

秋吉貴雄（2017）『入門公共政策学——社会問題を解決する「新しい知」』中央公論新社。

———（2020）「政策問題の構造化——対応すべき問題をどのようにとらえるのか？」秋吉貴雄・伊藤修一郎・北山俊哉『公共政策学の基礎』（新版），有斐閣，65-83。

伊藤修一郎（2020）「アジェンダ設定——どの政策課題を検討するか？」秋吉貴雄・伊藤修一郎・北山俊哉『公共政策学の基礎』（新版），有斐閣，47-64。

大竹文雄（2019）『行動経済学の使い方』岩波書店。

北山俊哉（2020）「公共政策の手段——どのようにして目的を実現するのか？」秋吉貴雄・伊藤修一郎・北山俊哉『公共政策学の基礎』（新版），有斐閣，84-101。

鈴木亘（2018）「EBPM に対する温度差の意味するところ」『医療経済研究』30, 1-4。

杉谷和哉（2020）「EBPM の二つの側面——米英の比較を通じた日本への示唆」『人間・環境学』29, 121-134。

———（2021）「日本における『エビデンスに基づく政策形成』の取組み——『EBPM 三本の矢』を中心に」『社会システム研究』24, 87-108。

砂原庸介（2017）「公共政策と統計——証拠に基づく政策をめぐって」御厨貴編著『公共政策』放送大学振興協会，187-201。

トゥールミン，スティーヴン（2011〔2003〕）『議論の技法——トゥールミンモデルの原点』戸田山和久・福澤一吉訳，東京図書。

深谷健（2020）「EBPM への道——その制度化と政策形成メカニズムにおける諸問題の検討」『季刊評価クォータリー』52, 31-44。

古矢一郎（2017）「政府における「証拠に基づく政策立案（EBPM）」への取組について」『季刊行政管理研究』（160），76-85。

松井望（2012）「統計制度——「司令塔」の設計と「省庁共同体」の持続」森田朗，金井利之編著『政策変容と制度設計——政界・省庁再編前後の行政』ミネルヴァ書房。

松田憲忠（2012）「トゥールミンの『議論の技法——トゥールミン・モデル』」岩崎正洋編著『政策過程の理論分析』三和書籍，149-165。

惣脇宏（2010）「英国におけるエビデンスに基づく教育政策の展開」『国立教育政策研究所紀要』139，153-168。

箱田裕司・都築誉史・川畑秀明・萩原滋（2010）『認知心理学』有斐閣。

増田寛也編著（2014）『地方消滅――東京一極集中が招く人口急減』中公新書。

和田光平（2015）『人口統計学の理論と推計への応用』オーム社。

■　■　■

読書案内

宮川公男（2017）『統計学の日本史――治国経世への願い』東京大学出版会。

　明治維新以降の近代日本において統計学がどのように導入・展開され，各種社会統計の整備が進められたかということの考察を通じて，「治国経世」のための統計学と統計のあり方について検討している。

サンドラ・M. ナトリー，イザベル・ウォルター，ヒュー・T・O・デイヴィス（2015）『研究活用の政策学――社会研究とエビデンス』惣脇宏・豊浩子・籾井圭子・岩崎久美子・大槻達也訳，明石書店。

　社会科学研究による研究結果の活用について，活用の形態から活用に影響を及ぼす各種要因，さらには活用の改善まで，公共政策学から知識経営論の理論的知見と具体的事例をもとに検討している。

小池洋次編著（2010）『政策形成』ミネルヴァ書房。

　日本における政策形成について，その「現場」である霞が関から地方自治体での実態，さらには企業や NPO といった政府外アクターの関与の実態まで，具体的事例をもとに包括的に示されている。

練習問題

① 　地域活性化政策の形成におけるエビデンスはどのようなものがあるだろうか。いくつかあげてみよう。

② 　日本の中央政府では統計を取り扱う部局が整備されているが，地方政府（都道府県，市町村）ではどのようになっているだろうか。調べてみよう。

（秋吉貴雄）

第6章
政策アイディアと情報

―― この章で学ぶこと ――――――――――――――――――――――

　本章では，政策アイディアの生成から政策への影響までのプロセスにおいて，情報がどのような役割を果たすかということについて学んでいく。

　第1節では，まずアイディアの概念について検討し，次にアイディアと政策決定の関係について「理念の政治」と「アイディア・アプローチ」の2つのアプローチを検討する。

　第2節では，まず政策アイディアの生成プロセスとそこでの情報の役割について検討し，次に多様な政策アイディアの中から特定のアイディアが選択されるプロセスにおいて政策トレンドと情報が果たす役割について検討する。

　第3節では，まず特定のアイディアを推進するキャリア（推進者）について検討し，次にキャリアが関与する政策決定の「場」の特性と，情報がその「場」に対してどのような影響を及ぼすかについて検討する。

　第4節では，まず，アイディアが政策アクター間に共有されるプロセスと，そこでの情報の役割について検討する。そして，アイディアが政策に埋め込まれ，次の政策に対して及ぼすプロセスについて検討する。

――――――――――――――――――――――――――――――――――

1　分析概念としての政策アイディア

政策アイディアへの注目

　経済政策，福祉政策，交通政策といった公共政策の形成・決定過程を分析していく上で，政治家や官僚といったアクターにとっての「利益（interests）」や，それらのアクターの行動を制約する「制度（institutions）」とならんで重要な分析概念として位置づけられるのが，アクターが保有する「アイディア（ideas）」

である。

　われわれの普段の生活の中では「アイディア」は「思いつき」といった意味で用いられることが多いかもしれないが，公共政策学や政治学においては「アイディア」とは政策を形成していく上での「（政策）理念」や「信念」や「イデオロギー」のことを指す。政治における「理念」や「信念」の重要性は古くから指摘されてきたが，政策過程におけるアイディアの役割に本格的に注目が集まったのが，1970年代後半からの米国での規制緩和（deregulation）の取り組みであった（秋吉 2020b）。

　規制緩和とは，端的には政府による規制（公的規制）を撤廃もしくは（規制で定められた各種基準を）緩和することである。普段はあまり意識されることは少ないが，政府は様々な規制を制定し，企業や個人の自由な行動を制限している。たとえば，自宅の車があまり利用されない時間があるからといって，その車で他人を運んで代金を受け取るとする。合理的なことのように思うかもしれないが，このような行為は法律（道路運送法）で禁止されている。

　規制には多様なものが存在しているが，①経済的規制，②社会的規制，に大別される。前者は企業や個人の経済的な活動を制限する規制であり，後者は製品の安全基準といったように社会の秩序を維持するための規制である。

　規制は市場における過度な競争を制限し，その産業の発展を促すといったように，制定当初は社会的な意義をもっていた。しかし，新しい企業の参入が制限されることによって（その産業での）旧態依然のサービスが改善されないといったように，特に経済的規制による弊害が問題視されてきた。そして，米国において1970年代から破壊的インフレが生じ，政府による物価統制策等も機能しなかったことから，経済的規制の問題とその改革の必要性がクローズアップされた（Derthick and Quirk 1985）。

　もっとも，公的規制の改革については「鉄の三角同盟（iron triangle）」の存在から困難が予測されていた。公的規制は産業での競争を制限するため，既存の企業にとっては商品やサービスの値段を下げる必要はなく，一定の利益が確保される。そのため，既存の企業は業界団体等を結成し，産業への政策を担当

する部局（規制当局）の官僚や政治家に働きかけ，その規制を維持しようとする。そして，その見返りとして業界団体・企業は官僚に退職後の再就職先を提供したり，議員に政治献金や選挙時の票を提供したりする。このような，業界団体・企業と官僚と議員との強い結びつきが「鉄の三角同盟」であり，この「鉄の三角同盟」によって規制は維持されてきたのである。

　しかし，米国においては「鉄の三角同盟」が打破され，1970年代後半から電気通信産業や航空輸送産業を皮切りにあらゆる産業において政府規制が撤廃もしくは緩和された。前述したように強力な「鉄の三角同盟」の存在から，規制は維持されるものと思われていたため，規制緩和は「事件」として捉えられた。その規制緩和の政治過程の分析において注目されたのが「政策アイディア」であった。カーター大統領やケネディ上院議員らによって改革に向けた政策アイディアが掲げられ，規制による利益を維持しようとした鉄の三角同盟が打破されたことが分析結果で示された（Derthick and Quirk 1985）。そして，このようなアイディアに注目した分析は「アイディアの政治（politics of ideas）」として政策過程分析の一つの領域を形成することになったのである。

政策アイディアの構造

　「アイディアの政治」として政策アイディアへの注目が集まる中，アイディアの概念そのものについての研究も進められ，精緻化が図られた（秋吉 2020b）。

　アイディアには，大きく，①規範的側面，②認識的側面，という2つの側面があることが指摘されている[(1)]。

　第一の規範的側面とは，政策の規範に関わるものであり，「道義的信念（principled belief）」と称されるものである。アイディアが「理念」「信念」とされるように，政策のあるべき姿に関わるものである。政策は「望ましい社会の状態」を実現するために策定するものであるが，何が「望ましい」かについては規範的な判断が必要になってくる。その際に「どのような」「望ましさ」を政策として目指すのかという基本原理を（政策アイディアの）道義的信念が規定するのである。

　前述した米国における規制緩和の例でいえば，政府による規制のあり方について決定する規制政策においては，どのような市場の状態が望ましいのかについての判断が重要になってくる。規制とは政府による市場への介入であり，政府による介入によって市場での競争が制限されることが「望ましい」のか「望ましくない」のか判断が必要である。すなわち，政府による競争制限によって市場での秩序が保たれるという見方をするのであれば（規制による競争制限は）「望ましい」ということになる。反対に，政府による規制の緩和によって多くの企業が参入し，市場において価格やサービスの競争が行われるという見方をするのであれば（規制による競争制限は）「望ましくない」ということになる。繰り返しになるが，政府の介入による企業間の協調を「望ましい」とするのか，政府の介入を少なくし企業間で競争するのが「望ましい」とするのか，それを「規範」の側面から検討するための理念・信念が政策アイディアには含まれるのである。

　第二の認識的側面とは，政策の具体的手段の選択に関わるものであり，「因果的信念（causal beliefs）」と称されるものである。公共政策は特定の政策問題を解決するために策定される。そこでは，政策体系と称されるように，問題解決の方向を示すものから，具体的な解決手段まで階層的な構造となっている。たとえば，商店街の衰退の問題であれば，どのように商店街を再興するかという問題解決の方向性をもとに，人材育成といった具体的な解決手段が策定される。そして，その解決手段においては「Aという手段をとればBという結果がもたらされる」という「信念」が必要になってくるのである。

　前述した米国の規制緩和では，1970年代当時の破壊的インフレという政策問題への対応策として「規制緩和」という政策アイディアが注目されたことが指摘されている（Derthick and Quirk 1985；秋吉 2007）。米国では経済的規制によって企業の自由な経済活動が制限され，それが経済の停滞につながっていたため，政府規制の改革の必要性は以前から広く認識されていた。それに加えて注目されたのが，規制緩和による製品・サービス価格の低下であった。すなわち，①経済的規制の緩和によって新規企業が参入，②企業間で価格競争を中心

とした競争が発生，③製品・サービスの価格が低下，というメカニズムである。このメカニズムが経済学者を中心に提示されたことにより，規制緩和という政策アイディアが破壊的インフレの解消に向けた手段として認識されるようになった。

2　政策アイディアの生成と情報
——アイディアの根源と政策トレンド——

アイディアの2つの側面と情報

　それでは政策アイディアはどのようにして生成されるのだろうか。また，そこに情報はどのように関与してくるのだろうか。

　前節でみたアイディアの2つの側面のうち認識的側面である「因果的信念」は，政策の手段とそれによって導かれる結果についての「信念」である。そのため，人びとの「信念」を形成するためには，政策手段から結果についての因果関係・メカニズムが「正しい（と信じられる）」ものであることが示されなければならない。アイディアの政治において指摘されるのが，特定の専門理論・専門知識による「正当化」である。

　自然の摂理とは異なり，社会において「絶対」は存在しない（自然の世界においても「摂理」とされたものがその後新しい科学的知見によって覆されることはある）。また，現行の政策が機能していない場合には，何が政策の手段として正しいかが不明確である。このような「不確実性」が存在している場合には，当該政策アイディアが問題の解決へとつながることが示されなければならない。その際に重要になってくるのが専門理論・専門知識である。専門理論・専門知識は特定の理論の体系をもとに構成されたものである。言い換えれば，その理論体系によって「正しい」と示されるものである（そのため，新しい理論体系に置き換わることもある）。そして，特定の専門理論・専門知識によって，「政策手段A→結果B」という因果関係と原因から結果へのメカニズムが「正しい（と信じられる）」ものとして正当化されれば，それが政治の場において「信念」と

なってくるのである。

　政策アイディアのもう一つの側面である規範的側面での「道義的信念」に関しては，個人の「信条」との関連が指摘されている。すなわち，多くの政策アイディアの中からどのような信念が「規範的に」「望ましい」のかということについては，個々のアクターの宗教的な規範も踏まえた「信条」と照らし合わせて判断されるのである。たとえば，福祉政策を考える際に，他者との協同を重視するのか，それとも個人での自助努力を重視するのかという判断については，どちらが「正しい」というものではない。個々のアクターの考え方，すなわち「信条」と関わるものである。

　政策アイディアの形成においては，特に因果的信念の形成において「情報」が非常に重要な役割を果たす。専門理論・専門知識は前述したように特定の理論の体系をもとに構成されたものであり，現実の政策の適用において「机上の空論」となってしまう可能性はある。もちろん，当該理論体系において，その因果関係とメカニズムが正しいものとして「信じられる」ことはあるが，より確実な「信念」となるのが政策現場からの「情報」である。すなわち，当該政策アイディアに基づいた政策が過去の政策結果や他国の政策結果が「情報」として伝えられることによって，単に理論体系における正しさだけでなく，特定の政策結果をもたらすものという「信念」が生じてくるのである。

政策トレンドとその影響

　政策アイディアは個人の（信念の）レベルにとどまっていては政策に影響を及ぼすことは困難である。後述するように，政策決定の「場」に関与する多くのアクターの共感を得なければ，特定の政策に反映されないからである。多くのアクターが政策アイディアに共感できるかどうかを左右するのが「政策トレンド」である[2]。

　「政策トレンド」とは，端的には一定の期間における政策全体の基本トレンドである。たとえば，日本においては1990年代後半から規制改革，行政改革，地方分権改革といった各種「改革」が実施され，2000年に入ると小泉政権にお

いて「構造改革」として様々な政策領域で「改革」が実施された。当初は「1940年体制」と称される日本の社会経済システムにおいて生じた「制度疲労」を起因として政府規制の問題等が取り上げられたが，単に経済政策にとどまらず，高等教育政策までもが「改革」の対象となり，国立大学の独立行政法人化が進められた。その一連の政策の通奏低音としてあったのが「システム改革」という政策トレンドである。そして，「改革」に直結する政策アイディアが広く共感を集め，政策として採択されることになったのである。そのため，改革を実施する必要がない分野においても，現行システムにメスが入れられるようになったのは否めない。実際に前述した国立大学「改革」に関しては，その後の論文数の低下といったデータが示すように，独立行政法人化といった「改革」が必要であったのか，さらにはその「改革」によって日本の研究能力の低下が招かれたのではないかといった議論が行われている（朝日新聞2018年9月26日付朝刊）。

　この政策トレンドを検討していくうえで重要になってくるのが「情報」による影響である。政策トレンドは過去に行われた政策の結果に基づいて形成される。特に，過去の一連の政策がもたらした結果が望ましくないものと判断されれば，前述した1990年後半からの日本において「改革」が政策トレンドとなっていったように，新しいトレンドへと大きくシフトされていく。すなわち，過去の政策の結果や効果についての「情報」が蓄積され，それが「過去の政策の失敗」として認識されれば「新しい政策トレンド」にむけての転換がなされるのである。

3　政策アイディアの経路と情報
──アイディアのキャリアと制度──

アイディアとアクター

　政策アイディアが形成されると，次はその政策アイディアが政策決定の「場」に投入される段階となる。バーマン（Sheri Berman）が指摘しているよう

に（Berman 1998），アイディアは単独では政策決定に影響を及ぼすことはできない。すなわち，特定のアクターが特定のアイディアを積極的に推進しようとすることによって政策に投入されることになる。とりわけ，その政策アイディアが既存の政策や制度を大きく変更するようなものであった場合，既存の政策や制度によって利益を受けているアクターは当該アイディアに対して反対の姿勢を見せることは想像に難くない。そのため，そのような「抵抗勢力」となるアクターに対して，当該政策アイディアを推進するアクターがどのように対抗していけるかが重要である。政治学では，そのような改革志向の政策アイディアを推進するアクターのことは「政策起業家（policy entrepreneur）」と称される。

　「起業家」とは元々は新規に起業し，リスクにチャレンジしていく経営者のことを言う。政治の世界においても前述したように，新しい政策・制度に反対する抵抗勢力に対抗し，改革を実施していくようなアクターをまさに「政策起業家」と呼ぶのである。このような「政策起業家」として想定されるのが，大統領や首相，有力議員といった政治的に高位のアクターである。これらの高位のアクターは自身が選出される選挙区に強固な基盤を築いていることが多く，選挙において圧倒的な集票が予想される。言い換えれば，そのようなアクターは特定の業界からの集票を気にする必要はなく，個別の特殊利益に迎合せず，自身が理想とする政策の実現を目指すことも可能なのである。

　小泉政権で行われた「郵政民営化」においても，政策起業家の果たした役割は非常に大きかった。郵政事業の経営形態のあり方について，「民営化」という政策アイディアを推進したのは小泉首相自身であった。小泉首相は以前から郵政民営化の必要性を主張し，郵政事業を所管していた郵政大臣の時においても郵政民営化を主張し，同省の官僚たちと対立するほどであった。そして小泉政権が誕生すると，小泉は政策起業家として自ら「民営化」の政策アイディアを掲げ，反対するアクターに対してはメディア等を通じて「抵抗勢力」というレッテルを貼り，徹底的に戦う姿勢を見せた。参議院で郵政民営化法案が否決されると，なぜか衆議院を解散し，郵政民営化に反対した自民党議員について

─ コラム⑥ 政策起業家としての研究者 ─

　本文中でも述べたように，特定の政策アイディア，とりわけ既存の政策・制度を大きく改革するような政策アイディアを推進し，政策転換へとつなげるアクターは「政策起業家（policy entrepreneur）」と称される。「鉄の三角同盟」に代表される，当該政策に利益が一致するアクターは政策転換に激しく抵抗するため，特定の政策アイディアをもとに改革を推進するアクターの存在は改革の実現のためには非常に重要な存在である。

　それでは，このような政策起業家はどのような特性を有したアクターなのであろうか。政策起業家の例として日本の郵政民営化過程における小泉首相を本文中で挙げたように，通常は，大統領・首相，大臣，族議員をとりまとめるベテラン政治家といったような，高位の有力政治家が政策起業家として想定されている。要職についていない当選回数が少ない政治家は選挙には必ずしも強くないため，自身が選出される選挙区での特定の利益と必ずしも一致しない政策に関しては，当人が当該政策の理念に賛成していたとしても積極的に推進することは困難である（たとえば，農村地域の選挙区選出議員が農業自由化政策を推進することは難しい）。それに対し，当選を重ねた有力政治家は選挙には強いため，たとえ選挙区内の特定の利益に相反する政策であっても，当該政策を推進することは可能である。

　このようなアクターに加え，米国では研究者も政策起業家となることが指摘されている。米国の航空規制緩和でのアルフレッド・カーン（Alfred E. Kahn）はその代表例である（Derthick and Quirk 1985；秋吉 2007）。カーンは経済学の研究者であり，大学教授の職にあったが，航空輸送産業の規制のあり方について議論が進められる中で，同産業の改革を志向していたカーター大統領によって規制当局の長官に任命されることになった。カーンは長官就任後に多様な改革に着手し，規制改革が一気に進められることとなった。

　日本でも非常に限定的であるが，研究者が政策起業家として改革を推進したケースはある。中曽根政権の国鉄民営化での加藤寛慶應義塾大学教授（当時）（大嶽 1994）や，小泉政権の構造改革（郵政民営化）での竹中平蔵総務大臣（大嶽 2006）は有名であるが，特筆すべきは第二次航空規制緩和での中条潮慶應義塾大学教授である（秋吉 2008）。政府の行政改革委員会規制緩和小委員会の参与に就任した中条は，航空輸送産業の規制緩和案を作成し，運輸省・事業者との「公開討論会」において規制緩和の重要性を示し，後の大幅自由化へとつながるきっかけとなったのであった。第5章でみたように，日本でも政策決定システムの変革が叫ばれて久しいが，どのように専門知識のある研究者が政策決定に関与できるかは非常に重要である。

は党の公認を外すばかりか，「刺客」として対立候補を党からたてるほどで
あった。そして，郵政民営化に反対した自民党議員が次々と落選し，「小泉チ
ルドレン」と称された新人が次々と当選したこともあり，郵政民営化は実現す
ることとなった。

　政策起業家にとって「情報」は非常に重要なものである。特定の政策の転換
を志向する政策起業家は，転換の対象となる既存の政策・制度によって利益を
得ているアクター達と対峙することになる。それらのアクターは当然のことな
がら既存の政策・制度の維持を志向するため，前述したように「抵抗勢力」と
なった政策転換に反対する。そのため，政策起業家は新しい政策アイディアと
それをもとにした政策転換がいかに社会にとって重要であるかを説得的に主張
できなければならない。そこで重要なのが，新しい政策アイディアの「説得
力」を増すための「情報」である。具体的には既存の政策・制度にいかに問題
があるかということについての「情報」と新しい政策アイディアがいかに良い
結果をもたらすかということについての「情報」が必要になるのである。

専門家と認識共同体

　アイディアのキャリアになるのは政策起業家となる政治家だけではない。研
究者をはじめとした専門家はその代表である。前述したように，アイディア，
特に因果的信念は特定の理論・知識をもとにしたものであるため，その理論や
知識について詳しい専門家によって広められるのである。その専門家とあわせ
て注目されるのが「認識共同体（epistemic community）」（Haas 1992）という存
在である。

　認識共同体とは，特定の政策領域における専門家のネットワークのことであ
り，そこには大学の研究者だけでなく，官僚やメディアにおける専門家も含ま
れる。認識共同体のメンバーの大半は当該領域の専門家としての高等教育を受
け，共通の知識基盤が形成されているため，特定の政策問題に対して同様の見
方や同様の価値観を有する。そして，認識共同体が学界での理論動向や実際の
政策動向の紹介を通じて，特定の政策アイディアを波及させていくのである。

　また，認識共同体のメンバーが特定の政策問題について検討・諮問する会議体（日本であれば中央府省の審議会等がそれにあたる）のメンバーになったり，政治的任用によって政府機関のメンバーに就任したりすることによって特定の政策アイディアをもとにした政策案が形成されていくのである。

　専門家と認識共同体にとっても「情報」は非常に重要である。政策アイディアの理論面での説得力について専門家が重要な役割を果たすことからも示されるように，専門家として当該政策アイディアに関する理論とその動向についての「情報」が非常に重要になってくる。そこでは，いわゆる「学界」においてどのような理論が注目されているかということと，当該政策アイディアの理論上の位置づけが示される。また，政策理論とあわせて，他の政府での政策動向についての「情報」も必要になってくる。政策理論のみでは政策を形成することはできず，他政府での政策からもたらされた経験というものも考慮しながら政策が形成される。そこでは，実際の政策の状況について収集された「情報」をもとに，政策アイディアの適切さが示されるのである。

「場」による制約

　政策アイディアはそのアイディアを推進するアクターによって政策に反映されるが，そのアクターの行動を制約するのは「制度（institutions）」である（秋吉 2020a）。制度とは民主主義体制といった基本体制構造のレベルのものから行政機関の規則といった具体的ルールのレベルまで階層的な構造になっている。また，制度には法律や規則等の明文化された「公式の制度」から，組織の慣習や文化構造等の明文化されていない「非公式の制度」まで多様なものが存在している。

　実際に，われわれの行動は前述したように制度に制約される。身近な例でいえば，科目の履修選択がそうである。大学生や大学院生が何らかの講義を選択する際に，自分の興味がある科目や単位習得が容易な科目だけを「自由に」履修することはできい。制約として存在しているのは「履修規則」や「時間割」といった「制度」である。それらの制度によって規定される事項の制約のもと

単位を履修するのである。

　アイディアが政策に投入される際にも様々な制度が影響するが，最初の段階として影響するのが，制度によって規定される「決定の場」である。制度の機能の一つとして，政策決定への参加者や政策決定のプロセス（手続き）を規定する機能があり，ホールが「圧力の程度（degree of pressure）」（Hall 1986）と称し，真渕が「参加の制度」と称するものである（真渕 1994）。

　前述したように，「制度」とされるものには多様なものがあるが，アイディアに大きく影響してくるのは，政策決定の「場（policy venue）」（Baumgartner and Jones 1991）となる制度である。府省における審議会に代表されるように，政策の形成及び決定が行われる「場」は制度によって規定されるが，その「場」にだれが関与できるかによってアイディアが政策決定に投入されるかどうかということが左右される。すなわち，当該アイディアの推進者となるアクターがその決定の場に直接的あるいは間接的に関与できれば，政策決定にアイディアが投入されることにつながってくる。

　また，この政策決定の「場」によって「情報」も規定されることになる。前述したように「場」が確定されることによって，どのようなアクターが政策決定に関与できるかが規定される。それによって，政策アイディアのみならず，その政策アイディアに関連した「情報」がいかに投入されるかが規定されるのである。具体的には，ここまで見てきたように政策理論についての「情報」と政策現場における「情報」が選別されることとなるのである。

4　政策アイディアの反映と情報
――アイディアの共有と制度化――

アイディアの共有過程における言説

　政策アイディアは，特にそれが個人の信念をもとにしたものであれば，多くのアクターの間で「共有」されなければ政策には反映されない。また，既存の政策を大きく転換するような政策アイディアであれば，より多くのアクターに

共有されることが重要になる。ここまで見てきた「規制緩和」や「民営化」といった政策アイディアについても，それが多くのアクターによって共有されたことによって，反対勢力を抑え込み，政策の転換へとつながったのであった。

　政策アイディアの共有の過程において重要な役割を果たすのが「言説（discourse）」である（Schmidt 2002；秋吉 2020b）。政策アイディアは政策規範に関わるものと政策手段に関わるものがあるが，その政策アイディア（による政策）が価値の面から適切であることが言説によって示され，また政策問題の解決へとつながる手段であることが言説によって示されることによって広くアクター間で共有されるのである（Schmidt 2002；秋吉 2020b）。

　たとえば，公共サービスの「民営化」という政策アイディアについても，言説での語られ方が重要になる。民営化アイディアには，前述したように，①（官によって行われてきた）公共サービスを民間に委ねられるものは民間が行うべきであるとする政策規範，②公共サービスを民間が行うことによって（運営の）非効率性を改善するという政策手段，という2つが含まれる。そのため，前者については，いかに「民間にできるものは民間に任せる」ということが政策の目指すべき価値として適切かということを示すことが重要になる。また，後者については，いかに「民間による運営によって非効率性が改善される」ということを言説によって示すかが重要になる。

　この言説による共有過程においても情報は非常に重要な役割を果たす。政策に関する情報によって言説の「説得力」が増すが，とりわけ，政策手段としての適切性を示すためには，その適切さの「エビデンス」となる政策情報が必要になる。たとえば，民営化アイディアに関しても，民営化によって公共サービスの運営が改善されるということを，他国の政府での当該サービスの民営化による改善状況や，類似したサービスの民営化による改善状況といった「情報」を（広義での）「エビデンス」として示すことによって，その言説，さらには政策アイディアの説得力が増すのである。

アイディアの埋め込みと継続

　特定の政策アイディアが政策・制度に反映されることによって政策形成過程はいったん終了するが，次の政策・制度の形成（過程）にも一定の影響を及ぼすこともある。新制度論の歴史的制度論での「政策遺産」や「経路依存性」の概念でよく知られるように，ある時点で形成された政策・制度が次の時点での政策・制度に何らかの影響を及ぼす場合がある。特に，前の政策・制度によって利益を得たアクターは，その政策・制度を維持する動きをしてくる。

　たとえば，1980年代後半から進められた日本の規制緩和においては，米国のような「自由競争」は当初は導入されなかった。たとえば，日本の航空輸送産業においては，1970年代はじめに「航空憲法」と称される事業領域規制（参入規制・構造規制）が導入され，国際線・国内線の双方で企業間の競争が著しく制限されたため，1980年代後半での第一次規制緩和では企業間の競争基盤格差を理由に（自由競争ではなく）限定された競争導入の制度となった（秋吉 2007；秋吉 2020b）。

　ここで重要になってくるのが，特に政策・制度の継続においては，前の政策・制度に「埋め込まれた」アイディアも継続されるということである。たとえば，先ほどの日本の航空輸送産業においても「競争制限」という政策アイディアが継続されることとなったのであった。

　このアイディアの継続においても「情報」は非常に重要な役割を果たしてくる。政策結果についての「情報」によって「政策トレンド」の継続・転換が左右されることを示したように，政策アイディアの継続を左右するのは政策結果についての「情報」である。基本的には既存の政策・制度によって利益を得ているアクターによってその政策・制度が維持されるが，当該政策・制度について何らかの問題が生じ，細かい修正による対応が困難であると認識された場合には，大きな政策転換が生じることとなる（Hall 1993）。そのため，どのような政策情報が政策決定の場にもたらされるのかということが，政策アイディアの維持にとって非常に重要になるのである。

注

(1)　ゴールドスタインとコヘインはアイディアには，①世界観（world views），②道
　　義的信念（principled beliefs），③因果的信念（causal beliefs），という３つのレベ
　　ルがあることを示している（Goldstein and Keohane 1993）。しかし，第一の世界
　　観とは「主権概念（sovereignty）」といったように，特定の時代における社会や文
　　化の基盤を形成するものとしているため（政策ごとに異なるものではないため），
　　本章では，アイディアの道義的信念（principled beliefs）と因果的信念（causal
　　beliefs）というレベルに注目して，２つの側面を指摘している。

(2)　類似の概念として，議員の行動に影響を及ぼす，①特定の政策課題に関する指導
　　的なアイディアの変化，②特定の政策課題に関する有権者の態度変化，から構成さ
　　れる「マクロ・トレンド」という概念がある（待鳥 2003）。同概念の詳細と同概念
　　に基づいた分析については，待鳥（2003），徳久（2008）を参照されたい。

引用・参考文献

秋吉貴雄（2006）「政策変容とアイディアの因果関係に関する研究」『熊本大学社会文
　　化研究』4，1-15。

─────（2008）「知識と政策転換──第二次航空規制改革における『知識の政治』」
　　『公共政策研究』8，87-98。

─────（2007）『公共政策の変容と政策科学──日米航空輸送産業における２つの
　　規制改革』有斐閣。

─────（2020a）「政策決定と制度──行動のルールと構造は政策にどのように影響
　　を及ぼすか？」秋吉貴雄・伊藤修一郎・北山俊哉『公共政策学の基礎』（第三版），
　　有斐閣，166-183。

─────（2020b）「政策決定とアイディア──理念と知識は政策にどのように影響
　　を及ぼすか？」秋吉貴雄・伊藤修一郎・北山俊哉『公共政策学の基礎』（第三版）
　　有斐閣，184-203。

大嶽秀夫（1994）『自由主義的改革の時代──1980年代前期の日本政治』中央公論社。

─────（2006）『小泉純一郎ポピュリズムの研究』東洋経済新報社。

加藤淳子（1995）「政策知識と政官関係」『年報政治学』46(0)，107-134。

徳久恭子（2008）『日本型教育システムの誕生』木鐸社。

待鳥聡史（2003）『財政再建と民主主義──アメリカ連邦議会の予算編成過程分析』
　　有斐閣。

真渕勝（1994）『大蔵省統制の政治経済学』中央公論社。

Baumgartner, Frank R. and Jones, Bryan D., (1991), "Agenda dynamics and policy subsystems," *Journal of Politics,* 53, 1044-1074.

Berman, Sheri, (1998), *The Social Democratic Moment: Ideas and Politics in the Making of Interwar Europe,* Cambridge: Harvard University Press.

Derthick, Martha and Quirk, Paul J., (1985), *The Politics of Deregulation,* Washington, D.C.: Brookings Institution.

Goldstein, Judith, (1993), *Ideas, Interests, and American Trade Policy,* Ithaca: Cornell University Press.

Goldstein, Judith and Keohane, Robert O., (ed.) (1993) *Ideas and Foreign Policy: Belief, Institutions, and Political Change,* Ithaca: Cornell University Press.

Hall, Peter A., (1986), *Governing the Economy: The Politics of State Intervention in Britain and France,* New York: Oxford University Press.

Hall, Peter A., (1993), "Policy paradigms, social learning, and the state," *Comparative Politics,* 23, 275-296.

Schmidt, Vivien A., (2002), *The Futures of European Capitalism,* Oxford University Press.

Weir, Margaret and Skocpol, Theda, (1985), "State structure and the possibilities for Keynesian responses to the great depression in Sweden, Britain, and the United States," in Peter B. Evans, Dietrich Rueschemeyer and Theda Skocpol, *Bringing the State Back In,* Cambridge University Press, 107-168.

■　■　■

読書案内
田丸大（2000）『法案作成と省庁官僚制』信山社。
　中央省庁における法案作成過程について，官僚性の活動の仕組みと意思決定方式について，具体的事例をもとに実証的に考察している。

佐々田博教（2011）『制度発展と政策アイディア——満州国・戦時期日本・戦後日本にみる開発型国家システムの展開』木鐸社。
　戦後日本の開発型国家システムの根幹にあった政策アイディアについて，満州国，

戦時期においてどのように形成され，敗戦後の日本においてどのように継承されて
いったかということについて考察している。

久米郁男編著（2009）『専門知と政治』早稲田大学出版部。
　政策アイディアを形成する専門的知識（専門知）が政策システムにおいてどのよう
な役割を果たすかということについて，経済政策，医療政策といった政策領域での事
例をもとに考察している。

練習問題

①　関心がある政策・制度を一つ取り上げ，どのような政策アイディアが根幹にあり，
　どのように情報が影響しているか考えてみよう。

②　政策転換の事例を一つ取り上げ，その政策転換を進めた政策アイディアの推進者
　と，その政策アイディアの説得力について説明してみよう。

（秋吉貴雄）

第7章

「政策決定に向けた情報」としての政策研究

─**この章で学ぶこと**─

　政策決定とは，公共的な問題の解決に寄与するという意味で社会的に重要なミッションであると同時に，多くの人びとの生活や利害に様々な影響をもたらす決断となるという意味で重い責任を伴う難しいミッションでもある。本章は，この厄介なミッションを行う政策決定者に対する政策研究の貢献とその限界について考究する。

　まず，不確実性の中で政策決定者は，政策研究へのニーズをもつ一方で，政策研究の進展には，政策研究が政策決定と結び付くことが欠かせないことを析出する。次に，政策決定における政策研究の活用に求められる視点とプロセスに目を向けて，「ユーザー指向」とインタラクティブな「交換」の重要性を強調する。

　さらに，政策決定における政策研究の活用には，バイアスや政治化が伴うことを明らかにする。最後に，政策決定への政策研究の貢献の限界と，そこから導出される政策決定のあり方を提示した上で，政策決定というミッションの困難性をあらためて描出する。

1　政策決定というミッション

政策決定への期待

　公共政策とは，「公共的問題を解決するための，解決の方向性と具体的手段」と定義される（秋吉・北山・伊藤 2020）。この定義から示唆されるように，政策は，公共性によって特徴づけられる。すなわち，政策によって解決が期待される問題は，個々人に固有の問題ではなく，社会全体が直面する問題である。たとえば，社会の多くの人びとが同じような状況のなかで苦しんでいる一方で，自分たちの力だけでは対応が小規模になりすぎたり，何かしらの対応を行うた

めの協力関係を築きにくかったりして，その苦境から脱することがなかなかできない事態にしばしば陥る。こうしたときに，その苦境からの脱出が公共的な課題として認識され，何かしらの政策の決定や実施が求められる状況が生まれる。その代表例が，「市場の失敗」とされる状況である。市場システムにおいて「見えざる手」による効率的資源配分がうまく機能しなかったり，機能したとしても派生的な社会問題を引き起こしたりする状況において，政策という「人為的」な手による介入が要求されるのである。

　市場のメカニズムに政策的に介入するためには，相当の強制力が伴われなければならない。まず，政策は人びとの行動を大きく変える力を有している必要がある。市場における個々人の自由な意思決定から到達する均衡が必ずしも社会的に望ましい結果とはならないことを踏まえると，政策の決定・実施を通じて，人びとの行動を特定の方向に導いたり，もしくは特定の方向に行動が向かうことを回避させたりすることが期待される。具体的には特定の行動が法的拘束力によって義務化される場合もあれば，その行動を促すためのインセンティブ（エコカー減税等のアメ）や，それとは異なる行動の選択を控えさせるディスインセンティブ（レジ袋有料化等のムチ）といった手段が用いられる場合もある。いずれにせよ，政策を決定するということは，社会の多くの人びとの行動や生活に，大きな影響をもたらす決断を行うことを意味するのである。

　政策を特徴づける強制力は，その政策のための財源の確保という観点からも見出される。公共的問題に対処する政策において，その実施の規模はかなり大きく，必然的に実施には多くの費用が伴うことになる。その一方で，政策を通じて解決を目指す公共的問題は，個々人の自由な意思決定の結果生起したものであるがゆえに，政策実施のための財政的負担に対して個々人の自発的な貢献が生まれることは容易には期待されない。こうした状況のなかで政策を実現させるためには，その政策のための費用を社会の構成員に強制的に負担させるという財源確保のかたちが一般的になる。その負担においては，対応する問題から受ける影響の大小や，政策によって享受する利益の大小の違いに基づく負担のバランスが追求されるわけでは必ずしもない。むしろ，累進課税に代表され

るように，各構成員がどの程度の税を負担できるかという担税力が，税負担の
あり方の基準として強調されることが多い。

　このように，政策には，社会が直面する公共的な問題の解決に寄与するとい
う重要な役割が期待される一方で，その期待に応えるために，社会の多くの人
びとに様々な影響を及ぼすことが不可避的に伴う。しかも，その影響はポジ
ティブなものだけでなくネガティブなものも含まれる。したがって，政策を決
定するということは，その社会的なインパクトの大きさを踏まえると，極めて
重たい決断を行う厳しいミッションなのである。

理論知への期待

　政策決定というこうした重たいミッションは，今日ますます厄介なものと
なっている。その背景の一つが，社会問題の複雑化である。2011年3月の東日
本大震災後の原発事故によって顕在化したエネルギー問題や2020年ごろ以降の
新型コロナウイルス感染症のパンデミックといった未曾有の危機，そしてグ
ローバル化が進むなかでの経済問題や環境問題等では，それぞれの問題を引き
起こしている要因を突き止めたり，その問題のインパクトを予測したりするこ
とは決して容易ではない。

　また，複雑な社会問題に対応する政策を実施するにはかなりの財政的費用が
かかる一方で，政府の予算は決して無限ではなく，財政赤字に苦しんでいる国
や地域は少なくない。こうした財政状況を踏まえると，一つひとつの政策は重
要な社会的意義を有していても，それらの政策すべてに必要な予算を当てるこ
とは不可能に近いといえる。限られた予算をどの政策に割り当てるか，換言す
れば，どの公共的な問題を重視するのか，様々な社会的な価値のあいだに如何
なる優先順位を設定するのかという極めて難しい問いに答えることが，とりわ
け今日の政策決定には強く求められているのである。

　政策決定における判断の難しさは，デモクラシーのもとではさらに深刻なも
のとなり得る。デモクラシーにおいて政策決定の重要な指針の一つに市民の声
がある。すなわち，市民が現在の生活のなかで如何なる問題を認識するのか，

その問題について予測される将来について何を感じるのか，その問題に対する個々の政策案を如何に評価するのかといった市民の声である。それぞれの市民の価値観，生活環境，利害関係等は大きく違っていること，そして今日の社会でダイバーシティが強調されていることを踏まえると，政策に反映されるべき市民の声は多様に存在するといえよう。こうした状況においては，如何なる政策も，社会のなかの誰かしらの声に反するものとなり，それらの人びとからネガティブな評価を受けることは避けられない。したがって，社会問題のメカニズムの複雑化や市民のニーズ等の多様化という今日的状況のなかでは，社会問題を解決し，市民の満足度を高めることは極めて難しく，その意味で，政策決定はますます苦しいミッションとなっているのである。

　このような重たい決断を伴う政策決定を支える情報として，「学問的知見」が注目されている。今日様々な政策の分野で学問的知見が活用されているが，その一つの活用の方法に，審議会等の構成員としてその分野の専門家を含めるというかたちがある。たとえば，新型コロナウイルス感染症のパンデミックをめぐっては，政策的対応について助言を行う「新型コロナウイルス感染症対策専門家会議」に，医学や疫学等の専門家が関わり，未曾有の危機に対する理論的な検討を行ってきた。また，経済財政諮問会議に代表される経済政策の立案の場においては，多くの経済学者が政策の形成に関与し，財政健全化やデフレ対策といった政策課題について理論的な知見を提供してきた（土居 2020；大田 2006；竹中 2006）。

　こうした学問的知見は，「理論知」に分類される知識である（秋吉 2015）。理論知とは，政策案の設計等を根拠づける科学的知識であり，学問的な営みのなかで体系化される知識である。政策過程に投入される知識としては，理論知のほかに，政策の需要側が有する知識であり，市民の声がその一つと捉えられる「現場知」と，政策実施等の実践や経験によって蓄積された実務的知識である「経験知」が挙げられる（本書第8章参照）。

　本章は，理論知に期待される貢献について，政策決定の経験知との関係性を念頭におきながら検討する。本章における「理論知」は，具体的には政策研究

によって提供される理論的知見を指す。また，政策研究として本章が注目する
理論知には，政策分析等の政策のコンテンツに関する研究（「in の知識」）だけ
でなく，政策のプロセスに関する研究（「of の知識」）も含まれる（秋吉・北山・
伊藤 2020）。

　本章は以下のように構成される。まず，政策決定に際して，政策研究が提供
する理論知に対して如何なるニーズが存在するのかに目を向けると同時に，そ
の理論知もまた，政策研究の進展に向けて政策決定と結びつくことを必要とす
ることを指摘する（第2節）。つぎに，政策決定における理論知へのニーズに応
えるためには，すなわち理論知が政策決定のプロセスのなかで活用されるため
には，知識活用のプロセスを如何に捉えることが求められるのかを明らかにす
るとともに，政策決定における理論知への依存に関わる懸念について論述する
（第3節）。最後に，政策決定に向けた理論知の活用の意義と限界を踏まえて，
政策決定のあり方についての一つの視点を提供するとともに，政策決定という
ミッションの特異性をあらためて確認する（第4節）。

2　政策決定に向けた情報ニーズ

政策決定と不確実性

　政策研究が，理論知としての貢献を期待されて，政策決定のプロセスに投入
されたとしても，政策研究を活用することへのニーズがそのプロセスのなかに
存在しなかったら，その貢献は果たされ得ない。以下では，政策決定を取り巻
く状況を概観して，政策研究の活用へのニーズを析出する。

　繰り返しになるが，政策決定は公共的な問題の解決に寄与する重要なミッ
ションである一方で，多くの人びとの生活や利害に関わる重い決断を伴う難し
いミッションでもある。しかも，何もしないことや先延ばしにすることも決断
の一つであることを踏まえると，政策決定に携わる政治家や官僚等の政策決定
者は，常に何かしらの政策課題について何かしらの判断を強いられる状況にあ
るといえる。

　こうした重い決断に迫られる政策決定者は，その決断にあたって深刻な「不確実性」に直面する（松田 2006）。第一に，政策手段の社会的・経済的インパクトの予測をめぐる不確実性が挙げられる。ある政策手段が社会全体や個々の市民や利害関係者に対して及ぼす影響について，政策決定のプロセスにおいて合意に到達することは稀である（Smith 1999）。予測を行うためには，社会状況等についての何かしらの前提が必要とされる。しかしながら，そうした前提は多様に想定され得るものであるうえに，想定される前提が異なれば，導出される予測も異なってくる。したがって，政策決定のインパクトを正確に予測することができないという不確実性のなかで，政策決定者は政策の選択を行わなければならない。

　とはいえ，近年のシミュレーション技術の進展によって，政策手段のインパクトについての予測の精度は高まっている。その意味では，この不確実性の程度は軽減されつつあるともいえるかもしれない。しかしながら，政策決定者が直面する不確実性は，ほかにも存在する。すなわち，予測されたインパクトに対して個々の市民や利害関係者が如何に反応するのかという不確実性である。多くの人びとは，特定の社会問題に対する政策案について具体的な選好を表明し得るほどの十分な知識や関心をもっておらず，政策案に対して「具体的な態度が表明されない状態（nonattitude）」にある（Stimson, MacKuen and Erikson 1994）。しかも，この状態は政策案への無差別（indifference）を意味するとはかぎらない。むしろ具体的な選好が政策実施後に予測困難なかたちで表明されることが少なくない。この状況が意味するのは，政策決定者には，特定の政策案を支持することが市民や利害関係者のニーズに沿ったものなのかを判断することが極めて難しいということである。

政策決定と情報ニーズ

　こうした不確実性に直面する政策決定者は，自ら行う政策の選択を正当化する情報を探求するであろう（Matsuda 2008）。その情報には，個々の政策案のインパクトについての情報にくわえて，政策決定の進め方（プロセス）に関する

情報や，政策のインパクトやプロセスについての市民や利害関係者の意向を示す情報も含まれる。様々な情報に触れることによって，政策決定者は状況に対する理解をアップデートさせることが可能となり，早計な政策の判断を回避することにつながり得る。

　政策の判断に向けた情報の活用は，他者とのインタラクションのなかでも有用である。社会問題の状況や政策案のインパクト等についての検討は，とりわけデモクラシーに基づく政策過程では，特定の個人のみの単独で行われることは稀であり，多くの場合は複数人によって担われる。したがって，政策決定に向けて求められるのは，異なる意見をもつさまざまな政策決定者のあいだに合意が形成されることにほかならない。このとき，それぞれの政策決定者は，自らの考えを説明したり，他者の意見を理解したりするための情報を活用しようとするであろう。具体的には，それぞれが主張する政策案のインパクトやそのインパクトに対する市民や利害関係者の反応等や，最終的な決定までの道筋のシナリオやそれぞれのシナリオについての社会的評価等に関わる将来予測である。こうした将来予測に基づいて，多様な政策案の検討やその検討プロセスの設計が，より慎重に進められることが期待される。

　ここで強調されるべきは，政策決定者は，自らの政策的な立場を選択したり，異なる立場の他者とともに最終的な政策の判断を行ったりするために，政策決定を取り巻く不確実性を低減させ得る情報に対して，その収集・活用のニーズを有しているということである。こうした情報ニーズは，政策決定者が公共的な利益を重視しているのか，それとも個人的な利益の増進を目指しているのかに関係なく，存在する。如何なる目標を政策決定者が設定しようとも，不確実性のなかで判断を強いられるかぎり，不確実性の低減に寄与し得る情報に対する需要が生まれるのである。

　理論知を提供する政策研究は，不確実性の低減を目指す政策決定者にとって，活用することに高い戦略的意義がある情報の一つとして捉えられる（Matsuda 2008）。政策研究では，「of の知識」であれ「in の知識」であれ，知識が産出されるまでのプロセスが論理的に進められることに注意が向けられ，その意味

で，政策決定者にとっては，説得力の高い情報であるといえよう。たとえば，実証的な研究では，「再現性（replicability）」が重視され，同じリサーチ・プロセスを経れば同じ結論に到達することが目指され，客観性の向上が強調される（増山・山田 2004；伊藤 2022）。他方，規範的な研究においても，価値判断の基準についての理論化の意義や方法論の重要性が強く意識され，一貫性や整合性に基づく現実の政策への貢献が目指される（レオポルド／スティアーズ編 2008＝2011；松元 2015）。こうした再現性，一貫性，整合性といった論理的な思考プロセスによって特徴づけられる政策研究は，不確実性のもとで重たい判断を強いられる政策決定者に対してその判断の根拠を示し得る情報の一つとして，政策決定者が活用を望む可能性が高いものであるといえるのである。

政策研究と情報ニーズ

　政策決定をめぐる「情報ニーズ」は，政策決定者のなかにのみ存在するのではない。政策研究を通じて理論知を提供する専門家もまた，政策決定に関わる情報を必要としていると捉えられる。そこで，政策研究を行うことの社会的な意義に論及したうえで，その意義の実現に向けて尽力する専門家が如何なる情報ニーズを有するかを析出する。

　政策研究に期待される社会的貢献については，「政策科学（policy sciences）」の創始者といわれるハロルド・D・ラスウェル（Harold D. Lasswell）の主張が示唆に富む（Lasswell 1971）。ラスウェルは，伝統的な諸科学ではそれぞれに特定のアプローチが過度に強調されていること，その結果として政策課題に対する視野が断片化していることを問題視していた。そのうえで，問題解決の志向を重視すべきという認識に基づき，社会問題や政策に主眼を当てて研究を進める学問の重要性を指摘した。具体的には，政策を研究することの究極的な目標の一つとして「デモクラシーの実践の改善」が設定されるべきとされ，「デモクラシーのための政策科学」が提唱されたのである（宮川 2002：28）。

　政策科学のこうした理念に基づくと，政策研究には，現実の政策形成のプロセスに密接に関わることが要求されよう。政策研究を通じてデモクラシーの実

践が改善されるためには，政策研究の成果が実際の政策決定に結びつくことが欠かせない。政策研究が如何に論理的に進められたとしても，その成果が実際の政策過程で活用されなければ，政策研究に期待される社会的な貢献は果たされ得ないといえよう（松田 2016）。すなわち，政策研究の活用は，政策決定者の理解を深め，社会問題の解決を促す社会的な変革をもたらし得るのである（Zaltman 1979）。したがって，政策研究のあり方をその活用性の観点から考究する「知識活用（knowledge utilization）」の視点が，デモクラシーの実践の改善という政策研究の貢献を具体化するうえで有用であるといえよう

　知識活用に焦点をあてた研究は，政策決定と政策研究との関係性についてこれまでに様々な知見を提供してきている（Radaelli 1995；秋吉 2013）。以下では，そうした知見の一つである「ユーザー指向（user orientation）」の重要性に着目して，活用性の高い政策研究を展開するうえで生まれる情報ニーズを明らかにする。

　ユーザー指向では，本書第8章でも触れているように，知識を活用するユーザーのニーズや能力，ユーザーを取り巻く環境やルール等に目を向けて，政策研究の成果を生産し供給することが重視される（Zaltman 1979）。ユーザーについての理解が政策を研究する専門家のなかで深まることによって，政策研究はユーザーにとって入手しやすく活用しやすい情報として捉えられるようになり，政策研究の提供が促される状況が生まれることになる。つまり，政策研究を通じてデモクラシーの実践の改善に寄与することを目指すかぎり，政策研究のユーザーとして期待される人びとについての情報を踏まえて，政策研究を進めていくことが不可欠となるのである。本章の文脈では，このユーザーに位置づけられるのが，政策決定者である[1]。

　このように，政策決定を行ううえで，一方では，政策決定者は不確実性の低減のための情報として政策研究を求めるニーズを有する。他方で，政策研究を進める専門家のなかには，政策研究の活用性の向上を目指して，政策決定者についての情報へのニーズが存在する。政策研究の供給側（専門家）と需要側（政策決定者）のこうした関係性を踏まえると，政策決定に向けた知識活用は如

何なるものとして捉えられるであろうか。この問いについて，次節で論究する。

3　政策決定に向けた知識活用

ユーザー指向の知識活用

　政策研究へのニーズの存在が，政策研究の活用にただちにつながるとはかぎらない。そもそも政策決定者に向けては，利害関係者，政府等の公的機関，諸外国等から様々な情報が寄せられる。その意味で，政策研究はこうした多様な情報の一つとして捉えられるにすぎず，政策研究の活用は政策決定者にとって特別な活動というわけではない（Matsuda 2008；Webber 1987）。では，政策研究の活用性を高めるためには，政策研究の生産者（専門家）には如何なる役割等が求められるのであろうか。こうした問題認識に基づいて，以下では，知識活用のプロセスを描出する。

　政策研究では，前述のとおり，再現性，一貫性，整合性といった価値が重視される。しかしながら，ユーザー指向の視点に立つと，これらの価値を強調しすぎると，政策決定者には難解すぎたり手間が掛かりすぎたりして，その研究成果を活用することに対して躊躇が生まれかねない。したがって，政策研究の活用に向けて求められることは，政策決定者が多様な情報のなかから政策研究に着目し，それを活用するような状況を作り出すこととなる。

　具体的には，社会の関心を集めるような「重大な出来事（focusing events）」が起きたときは，何かしらの政策の決定が社会的に要請される。その要請に応えることが求められる政策決定者のあいだに，政策研究への需要が高まる（Kingdon 1995）。とりわけ再選を目指す政治家は，社会的関心の高いイシューをめぐって自らの政策のスタンスを決めるにあたり，市民や利害関係者から非難されることを回避しようとする。そのための戦略的行動として，政治家は，政策研究をその選択の根拠として活用する強いインセンティブをもつ（Matsuda 2008）。

　また，政策決定に関わるスケジュールも知識活用において重要な意味を有す

る。たとえば，日本の予算案作成の流れを踏まえると，国会審議が行われる 1 月から 3 月にかけては，内閣は予算案を修正しないことを前提に審議に臨んでいるため，このタイミングで予算に関わる政策研究の知見を提供しても，それが活用される可能性は極めて低くなる。むしろ，「経済財政運営と改革の基本方針」（骨太方針）の決定を行う 4 月から 6 月までのタイミングで知見を提供すると，その知見に対して注目を集めやすい（土居 2020）。

さらに，政策決定者が自らの政策の選択についての正当性を市民や利害関係者に説明するにあたっては，シンボリックな表現——租税政策であれば「良き」「公正」「簡素」といった言葉——は，人びとの共感を集めやすいという点で，政策決定者からも好まれる（Conlan, Wrightson and Beam 1990；Kaizuka 1991）。くわえて，政策研究の説明資料は，政策決定者が目を通すのにさほどの手間が掛からない長さにまとめることが重要である（Guston, Jones and Branscomb 1997）。

インタラクティブなプロセスとしての知識活用

政策研究の成果を伝えるタイミングやその表現スタイル等に目を向けるユーザー指向は，市民を知識のユーザーとして位置づけた場合（本書第 8 章）にも当てはまる。しかしながら，政策決定者は，一般の市民とは異なり，政策研究の活用の戦略的意義を強く認識している可能性が高いことを踏まえると，政策決定者と専門家とのあいだにはより積極的な関係の構築が期待される。

この関係構築に向けては，「ソーシャル・マーケティング（social marketing）」の原理が注目に値する（Kotler and Zaltman 1971）。ソーシャル・マーケティングとは，「マーケティングの概念を活用して，社会的に有益なアイディアや目標・理想を売り込むこと」として定義される（Wiener and Doescher 1991：38；瓜生原 2020）。この原理を政策研究と政策決定との関わりに適用すると，専門家は，「デモクラシーの実践」の改善という目標に向けて政策研究の成果を政策決定者に売り込む一方で，政策研究のプロセスにおいて政策決定者のニーズ，能力，環境等についての情報を入手し活用するという，政策決定者と専門家と

の関係性が描かれる。すなわち，知識活用をめぐって，政策決定者と専門家とのあいだにはインタラクティブな「交換（exchange）」が繰り広げられることが期待される。

　こうしたインタラクティブな交換として，たとえば，審議会等での政策決定者と専門家との直接的な意見交換等が挙げられる。1986年の米国の税制改革では，税制に関する決定に大きな影響力をもつ下院歳入委員会（House Ways and Means Committee）における経済学者の行動が，その改革の実現に大きく寄与したことが指摘されている（Bowler 1989）。委員会の様々なセミナーで，委員会メンバーは税制改革についての疑問や懸念等を表明した一方で，経済学者はそれらの疑問や懸念等についての説明を行い，税制改革の必要性や具体的な改革案の意義等について双方が互いに理解を深めていった。

　同様に注目に値するのが，小泉政権下の経済財政諮問会議での検討プロセスである（松田 2008）。この時期の経済財政諮問会議は，経済政策の事実上の決定の場として，政策原案の作成という機能を果たしていた（城山 2003）。この経済財政諮問会議での議論の方向性に大きな影響力を及ぼした存在が，経済学者等の民間議員であったといわれている。具体的には，民間議員は，事前にペーパーを作成し，それを会議の場で配布することによって，議論の土俵を設定することが可能となった。議論の土俵が設定された後では，会議での焦点は原案の修正に向けられることになり，その結果，政治的な駆け引きよりも，政策研究の専門的な知見を踏まえたかたちでの意見交換等が促されたのである（大田 2006）。

　これらの事例における経済学者等の専門家は，「政策起業家（policy entrepreneur）」の役割を担っていたと捉えられる（Kingdon 1995）。政策起業家とは，自らが推している政策案が採択されやすい状況を作り出すために，自らの資源を注ぎ込む存在と定義される。すなわち，政策研究が政策決定者によって活用されることを目指すかぎり，専門家には，政策起業家として，自らの知識と政策決定者の情報とが交換されるインタラクティブなプロセスが展開されるように尽力することが期待されるのである。

政治的なプロセスとしての知識活用

　政策決定者と専門家とのあいだのインタラクティブな「交換」は，政策決定のプロセスにおいて政策研究が活用されることを促し，デモクラシーの実践の改善に政策研究が寄与することにつながり得る。他方で，政策決定のプロセスにおける政策研究の活用をめぐっては，政策決定者の政治的な利益に資するかたちで行われているという懸念が，かなり以前から示されている（宮川 2002；Rein and White 1977；Horowitz 1970；Banfield 1980）。政策研究に対する政策決定者のニーズは，先述したような社会問題の解決という目標からだけでなく，政策決定者自身のキャリアパスやイデオロギー等に基づく個人的な目標からも生まれる。また，自らの認識や行動と矛盾する情報には否定的な態度を示すといった人間の心理的傾向を踏まえれば，政策決定者が多様な情報を中立的に処理して判断を行うのではなく，むしろ政策決定者には，実現したい政策案が情報処理に先行して存在し，着目するのはその政策案を正当化するための情報にかぎられるというバイアスが生じる可能性も否定できない（Steinbruner 1974）。

　たとえば，先に言及した小泉政権下での経済財政諮問会議は，「首相自ら意思決定の前面に出ることによって（中略）自らの意向の効果的な反映を優先させたことの制度的表現」であり，小泉首相にとっての重要な情報源であったといわれている（北村 2006：227-228；ノーブル 2006）。こうした捉え方に立脚すると，経済財政諮問会議で供給された知識は，小泉首相の意向の正当化のために利用されていたとも捉えることができる。

　別の例を挙げると，新型コロナウイルス感染症のパンデミックは，政策決定と政策研究とを結びつけることの難しさをあらためて浮き彫りにしている（Weible et al., 2020；Pearse, 2020；Matsuda 2022）。この未曾有の危機のなかで極めて難しい政策的判断を迫られる政策決定者は，政策研究の知見にしたがうことによって，「政策選択の責任（responsibility）を免れ，状況が悪化した際には専門家にその責任を帰することが可能になる」（Pearse 2020：571）。

　さらに，パンデミックに対する有効な政策案をめぐる合意が政策研究のなかにも存在していないことを踏まえると（Pearse 2020），政策決定者は自らの判

断を正当化するために政策研究を活用する強いインセンティブをもつであろう。すなわち，異なる結論が示される様々な政策研究のなかから，政策決定者が実現を目指している政策案を支持する研究を見つけ出すことはさほど難しくなく，それゆえ，そうした研究を政策決定に向けて活用することが，政策決定者にとって合理的な戦略となるのである（Weible et al., 2020）。

　しかも，政策研究の成果が数的に表現される場合，その成果によって支持された政策のアイディアは，社会のなかで無批判に受け入れられる可能性が高い。ある実証研究によると（菅原・小林・長井 2021），コロナ禍での「接触8割減」といったスローガンを取り上げた主要全国紙では，「8割」という数字の意味や前提が疑問視されることはなかった。ある数値を解釈することは極めて主観的な思考であるにもかかわらず（Espeland and Stevens 2008；松田 2016），メディアや市民からその数値の導出プロセスや解釈に対して厳しい目が向けられることはあまりない。それゆえ，政策決定者は自らの決断が批判にさらされないように，数値を伴う政策研究を，必ずしも思考の主観性への配慮が十分になされないままに，積極的に活用することになる。

　このように，政策研究の活用は，政策研究の特徴やそれに対する社会的認知のバイアス傾向によって，高い政治性を帯びることになる。政治的行動としての政策研究の活用は，政府の選択についての「説明責任（accountability）」が機能しにくい状況をもたらし得る（Weible et al., 2020）。

　したがって，政策決定に向けて政策研究が活用されることは，デモクラシーの実践の改善に必ずしもつながらないのである。むしろ，政策決定に関わる様々な責任を曖昧にしてしまう虞がある。知識活用はこうした諸刃の剣となりかねないことを心にとどめておくことが，政策決定と政策研究の関係性を考えるうえでは，極めて重要であるといえよう。

4　政策決定というアート

対立のなかでのインクリメンタリズム

　政策研究の活用がデモクラシーの実践の改善に向けて諸刃の剣となり得るのはなぜだろうか。政策研究の活用には，規範的にはユーザー指向という視点が求められたり，実証的には政治的な思惑が大きな影響を及ぼしたりするのは，なぜだろうか。それは，政策研究によって異なる提案がなされ，政策研究全体として一つの明確な答えを提示できないことによるところが大きい。換言すれば，政策研究全体として供給される知識は，「具体的でない知識（nonpositive knowledge）」（Zaltman 1979）としての特徴をもつためである（本書第8章）。

　具体的な一つの政策案が示されないからこそ，政策研究は，不確実性の除去を望む政策決定者にとって，他の情報よりも確実に優れたものとはなり得ない。結果として，政策研究の活用は簡単には期待できず，ユーザー指向に基づく知識の提供が重要となる。その一方で，政策研究によって示される答えが多様であるからこそ，政治的な目標を追求する政策決定者は，自らの目標に調和的な情報を多様な政策研究の成果のなかから見つけ出すことが可能となる。

　では，具体的な一つの答えを示すことができないという政策研究全体がもつ特徴から，政策決定のあり方について如何なる示唆が引き出され得るであろうか。この最終節では，この問いに目を向けることを通じて，政策決定というミッションの特異性についてあらためて論究する。

　政策研究での知見が具体的とならないのは，研究の前提について多様な想定が可能であることに大きく起因する（松田 2016）。実証研究においては仮説の設定が前提とされるが，その仮説では社会のメカニズムや人びとの行動様式についての何かしらの想定が行われる。規範的な考察では，価値判断の前提となる社会的価値についての定義や優先順位等が示される必要がある。しかしながら，社会のメカニズムや人びとの行動様式を如何に捉えるか，個々の社会的価値を如何に定義するか，複数の社会的価値のあいだに如何なる優先順位を設定

するかといった問いには，互いに対立する多様な答えが存在する。それゆえに，政策研究において再現性や論理性等が如何に重視されようとも，多様な前提が可能であるかぎり結論は一つではなくなるのである。

　こうした政策研究の特性から示唆されるのは，第一に，僅かな情報に依存することの危険性であろう。多様な知見を活用することによって，社会についての実証的な理解を誤ったり，社会における対立の激化を促したりする等の拙速な判断を避け得る。

　第二の示唆は，政策の大規模な変更がもたらすネガティブな影響の大きさである。現状等について多様な想定が存在することは，自らが立脚する想定は絶対的なものではないことを意味する。したがって，ある想定にしたがって政策変更を行った結果，自らの想定の範囲を超える事態が生じる可能性は避けられない。そのとき，政策変更の規模が大きいほど，その想定外のネガティブなインパクトは深刻なものとなるであろう。くわえて，大規模な政策変更は，社会のなかの思わぬ人びとを大きく傷つけたり，社会のなかに思わぬ価値対立を引き起こしたりしかねない。その意味で，政策決定のあり方について，政策研究全体に含意される一つの知見（「ofの知識」）として，「インクリメンタリズム（incrementalism）」（Braybrooke and Lindblom 1963）が注目に値する。政策研究からは一つの明確な答えが見出せないからこそ，様々な研究の成果を活用しながら，小さな変更を繰り返し現状の改善を目指すことが，デモクラシーの実践の改善に寄与するといえるのである（松田 2016）。

対立のなかでのアート

　政策決定という決断は，その社会的影響力の大きさゆえに，極めて重たいミッションである。こうしたミッションを遂行する政策決定者に対して，政策研究は，政策決定者が直面する不確実性を低減させ得る様々な知見を提供し得る一方で，政策研究のなかで明確な一つの答えが生まれてくることは極めて難しい。にもかかわらず，政策決定者は何かしらの政策的判断を行わなければならない。また，政策研究の成果が多岐にわたることを踏まえると，政策がイン

┌─ コラム⑦　移動教室実施可否の判断 ─

　あなたは中学校教師で，移動教室の責任者の一人であるとする。今年度の移動教室の状況は①〜④のようになっている。①移動教室の出発日は明後日である。②明後日からの三日間の目的地の天気予報では，50％の確率でかなり激しい雷雨となる。③今年度の学事暦では移動教室の延期は不可能であり，したがって，もし中止となれば，この教育活動を今年度の生徒は享受できないことになる。④生徒もその保護者も移動教室をとても楽しみにしている。

　移動教室に期待される意義や，教師に求められる役割等については，⑤〜⑦の通りである。⑤移動教室は，他者との協力活動を実践的に学ぶ重要な教育活動として，教育学等の学術的議論や文部科学省の学習指導要領で位置づけられている。⑥教師には，こうした実践的な学習の機会を生徒に対して適切に提供するとともに，その際には生徒の安全に慎重に配慮することが求められる。⑦この移動教室の実施について決断するのはこの学校の教師であり，その決断の期限は明日である。

　このとき，移動教室実施可否についてあなたは如何なる判断を如何にして行うか。最終的な決断に向けて，あなたは他の教員らとどのように関わるか。これらの問いの検討には，天候や教育に関する専門知，生徒やその保護者の思い等の現場知，教師としての経験（経験知）といった多様な情報を活用しながら，学校・教師として期待される役割を具体化することが求められる。

　しかしながら，これらの多様な知識の活用は決して容易ではない。第一に，専門知の限界である。天気予報は確率にすぎず，「激しい雷雨」の定義は多様である。また，移動教室の教育上の意義や教師の責務をめぐっては，様々な立場が存在する。したがって，専門知のみで移動教室の可否を判断することは不可能に近い。第二に，現場知にも限界が存在する。生徒やその保護者の現場知は，重視されるべき情報であるものの，教育活動の意義や安全性等の理解を伴っているとはかぎらない。それゆえ，社会的に望ましい選択には現場知だけでは不十分である。第三に，経験知はどうであろうか。いずれの知識からも正解を導出できないとき，教師としての活動を通じて蓄積されてきた経験知は，行動選択に向けて重要な貢献を果たす。しかしながら，過去の移動教室の経験の応用可能性や先輩教師からの経験知の伝承といった厄介な問題が立ちはだかる。

　この移動教室実施可否の判断を例に，さまざまな人びとを制約することになる決定の難しさ，すなわちそうした決定に内在する「アート」の難しさを体験してみてほしい。その体験を踏まえて，具体的な社会問題をめぐる対立の構図やその解決のあり方について深く考えてみてほしい。

└────

クリメンタルに進むことの意義が見出される。とはいえ，小規模の政策変更で
あれ，一つの答えが示されない状況において何かしらの一つの方向性を決定す
ることが，政策決定者には求められる。ここに，政策決定という厄介なミッ
ションを遂行するための鍵が見出される。すなわち，政策決定者の一つひとつ
の決断に対して政策研究が果たし得る貢献には限界があるなかで，特定の政策
を選択するということは，政策決定者の独自の判断に頼らざるを得ないことを
意味するのである。

　こうした政策決定の特徴は，政策研究との対比を通じて，描出することがで
きる。政策研究においては，再現性や論理性等が重視され，いわば「サイエン
ス」の側面が強調されることが多い。他方で，政策決定とは，論理的には答え
を一つに絞れないなかで一つを選択するという意味で，「アート」もしくは
「クラフト」として描かれるミッションであるといえよう（大江・岡部・梅垣編
2006）。アートとしての政策決定では，科学的論理性では捉えられがたい一種
の感性ないしセンスに基づく判断が求められ，その判断は，他の誰かが再現で
きるようなものでは必ずしもなく，むしろ「一回性」の特徴をもち得る。

　本章冒頭の表現を用いれば，理論知と経験知との関係性の一つが，ここに現
れているといえる。政策研究を通じて供給される理論知と，政策決定の実践の
なかで蓄積される経験知とは，政策決定を行ううえで，相互補完の関係にあり，
一方が他方に取って代わられることはない。具体的には，「サイエンス（理論
知）」だけでは一つを選択することができない一方で，「アート（経験知）」だけ
では早計な判断に陥るおそれがある。

　さらに，第8章で見るように，市民がもつ現場知もまた政策決定において重
要な知識である。したがって，政策決定というアートは，多様な現場知と理論
知を活用しながら，豊かな経験知を具えた政策決定者がその都度決断を行うと
いう極めて複雑なプロセスのなかで進められていく活動であることが確認され
よう。

　政策決定というアートが少しでも多くの人びとに喜びを与えるには，すなわ
ちデモクラシーの実践が少しでも改善するには，これら三つの知識は政策決定

に具体的に如何に関わるべきであろうか。知識のあり方についての知識——「メタレベルの知識」——の探究は，それぞれの知識の限界や相互補完性を踏まえると，政策決定者や専門家だけが担うべきでものはないであろう。むしろ，市民を含めた社会全体を構成するすべての人びとが，その探究に関わることが求められる。それぞれの知識を提供する一人ひとりが自らの知識の特性を認識し，メタレベルの知識について模索しようとする姿勢が，美しいアートの完成には欠かせない。

注

(1) 政策決定者についての情報へのニーズが政策研究において存在することを想定することは，政策研究の活用性の向上やデモクラシーの実践の改善を追求するような理想的な政策研究を前提しているといえるかもしれない。その一方で，むしろ現実の研究活動では，経済的利益や名誉といった個人的なモチベーションがより大きな意味をもっているという指摘もある（Diesing 1991；Mitroff 1974）。しかしながら，政策研究が政策決定の場で活用されることは，政策研究をめぐるこうした個人的な利益にも寄与するとも捉えられる。その意味で，政策研究において政策決定者についての情報が重要となるという想定は，現実的であるといえよう。

引用・参考文献

秋吉貴雄（2013）「政策分析の方法的転回と政策決定——政策科学『第三世代』における合理性リニアモデルの超克」『季刊行政管理研究』(141)，4-16。

————（2015）「教育政策における2つの知識の特性——教育政策の公共政策学的分析」『日本教育政策学会年報』22(0)，60-69。

秋吉貴雄・北山俊哉・伊藤修一郎（2020）『公共政策学の基礎』（第3版），有斐閣。

伊藤修一郎（2022）『政策リサーチ入門——仮説検証による問題解決の技法』（増補版），東京大学出版会。

瓜生原葉子（2020）「ソーシャルマーケティング——歴史，定義，クライテリアとプロセス」『同志社商学』72(3)：431-456。

大江守之・岡部光明・梅垣理郎編（2006）『総合政策学——問題発見・解決の方法と実践』慶應義塾大学出版会。

大田弘子（2006）『経済財政諮問会議の戦い』東洋経済新報社。

北村亘 (2006)「三位一体改革による中央地方関係の変容——3すくみの対立，2段階の進展，1つの帰結」，東京大学社会科学研究所編『「失われた10年」を超えて〔Ⅱ〕——小泉政権への時代』東京大学出版会，219-249。

城山英明 (2003)「政策過程における経済財政諮問会議の役割と特質——運用分析と国際比較の観点から」『公共政策研究』3(0)，34-45。

菅原慎悦・小林誠道・長井裕傑 (2021)「新聞メディアはCOVID-19をどう報じたか?——全国紙における「接触8割減」の内容分析」『社会安全学研究』(11)，57-81。

竹中平蔵 (2006)『構造改革の真実——竹中平蔵大臣日記』日本経済新聞出版社。

土居丈朗 (2020)『平成の経済政策はどう決められたか——アベノミクスの源流をさぐる』中央公論新社。

ノーブル，グレゴリー W. (2006)「政治的リーダーシップと構造改革」東京大学社会科学研究所編『「失われた10年」を超えて〔Ⅱ〕——小泉政権への時代』東京大学出版会，73-105。

増山幹高・山田真裕 (2004)『計量政治分析入門』東京大学出版会。

松田憲忠 (2006)「イシュー・セイリアンスと政策変化——ゲーム理論的パースペクティブの有用性」『年報政治学』56(2)，105-126。

――――― (2008)「『『税制の政治』は変わったのか，変わるのか——小泉政権とその後」『公共政策研究』7(0)，156-168。

――――― (2016)「多様性のなかの政策分析と政策過程——社会選択・論理性・活用性」縣公一郎・藤井浩司編『ダイバーシティ時代の行政学——多様化社会における政策・制度研究』早稲田大学出版部，22-42。

松元雅和 (2015)『応用政治哲学——方法論の探究』風行社。

宮川公男 (2002)『政策科学入門』(第2版)，東洋経済新報社。

レオポルド，デイヴィッド／スティアーズ，マーク編 (2011〔2008〕)『政策理論入門——方法とアプローチ』山岡龍一・松元雅和監訳，慶應義塾大学出版会。

Banfield, Edward C., (1980), "Policy Science as Metaphysical Madness," in Robert A. Goldwin (ed.), *Bureaucrats, Policy Analysts, Statesmen: Who Leads?* Washington, D.C., American Enterprise Institute for Public Policy Research, pp. 1-19.

Bowler, M. Kenneth, (1989), "Preparing Members of Congress to Make Binary Decisions on Complex Policy Issues: The 1986 Tax Reform Bill," *Journal of*

Policy Analysis and Management, 8, 35-45.

Braybrooke, David and Lindblom, Charles E., (1963), *A Strategy of Decision: Policy Evaluation as a Social Process,* New York, Free Press of Glencoe.

Conlan, Timothy J., Wrightson, Margaret T. and Beam, David R., (1990), *Taxing Choices: The Politics of Tax Reform,* Washington, D.C., CQ Press.

Diesing, Paul, (1991), *How Does Social Science Work? Reflections on Practice,* Pittsburgh, University of Pittsburgh Press.

Guston, David H., Jones, Megan and Branscomb, Lewis M., (1997), "The Demand for and Supply of Technical Information and Analysis in State Legislatures," *Policy Studies Journal,* 25, 451-469.

Espeland, Wendy Nelson and Stevens, Mitchell, (2008), "A Sociology of Quantification," *European Journal of Sociology,* 49, 401-436.

Horowitz, Irving Lewis, (1970), "Social Science Mandarins: Policymaking as a Political Formula," *Policy Sciences,* 1, 339-360.

Kaizuka, Keimei, (1991), "The Process of Tax Reform in Japan: A Comparative View," *Osaka Economic Papers,* 40, 155-164.

Kingdon, John W., (1995), *Agendas, Alternatives, and Public Policies,* 2nd ed., New York, Harper Collins Publishers.

Kotler, Philip and Zaltman, Gerald, (1971), "An Approach to Planned Social Change," *Journal of Marketing,* 35, 3 : 12.

Lasswell, Harold D., (1971), *A Preview of Policy Sciences,* New York, American Elsevier.

Matsuda, Noritada, (2008), "Policy Information Market: Policy Analysts' Strategies for Knowledge Utilization," *Interdisciplinary Information Sciences,* 14, 155-165.

Matsuda, Noritada, (2022), "A Deliberation-Based Approach to School Citizenship Education in Japan: Theory and Practice," *Aoyama Law Forum,* 10(2), 1-25.

Mitroff, Ian I., (1974), *The Subjective Side of Science: A Philosophical Inquiry into the Psychology of the Apollo Moon Scientists,* Amsterdam, Elsevier.

Pearse, Harry, (2020), "Deliberation, Citizen Science and COVID-19," *The Political Quarterly,* 91, 571-577.

Radaelli, Claudio M., (1995), "The Role of Knowledge in the Policy Process," *Journal of European Public Policy,* 2, 159-183.

Rein, Martin and White, Sheldon H., (1977), "Policy Research: Belief and Doubt," *Policy Analysis,* 3, 239-271.

Smith, Mark A., (1999), "Public Opinion, Elections, and Representation within a Market Economy: Does the Structural Power of Business Undermine Popular Sovereignty?" *American Journal of Political Science,* 43, 842-863.

Steinbruner, John D., (1974), *The Cybernetic Theory of Decision: New Dimensions of Political Analysis,* Princeton, Princeton University Press.

Stimson, James A, MacKuen, Michael B. and Erikson, Robert S., (1994), "Opinion and Policy: A Global View," *PS: Political Science & Politics,* 27, 29-35.

Webber, David J., (1987), "Legislators' Use of Policy Information," *American Behavioral Scientist,* 30, 612-631.

Weible, Christopher M., Nohrastedt, Daniel, Cairney, Paul, Carter, David P., Crow, Deserai A., Durnová, Anna P., Heikkila, Tanya, Ingold, Karin, McConnell, Allan and Stone, Diane, (2020), "COVID-19 and the Policy Sciences: Initial Reactions and Perspectives," *Policy Sciences,* 53, 225-241.

Wiener, Joshua Lyle and Doescher, Tabitha A., (1991), "A Framework for Promoting Cooperation," *Journal of Marketing,* 55, 38-47.

Zaltman, Gerald, (1979), "Knowledge Utilization as Planned Social Change," *Knowledge: Creation, Diffusion, Utilization,* 1, 82-105.

■　　■　　■

読書案内

久米郁男編（2009）『専門知と政治』早稲田大学出版部。

　多様な政策領域に着目して，政策研究の知見が政策の決定や実施のなかで果たす役割を多面的に導出する専門書。

土居丈朗（2020）『平成の経済政策はどう決められたか——アベノミクスの源流をさぐる』中央公論新社。

　小泉政権以降の経済政策の形成に関わった5名の経済学者へのインタビューを通じて，政策研究と政策決定との関係性を析出する野心的な書。

伊藤修一郎（2022）『政策リサーチ入門——仮説検証による問題解決の技法』（増補版），東京大学出版会。

　実証的な政策研究の進め方についての手引書であると同時に，理論知がどのように体系化されていくかという観点からも楽しめる入門書。

練習問題

① 　審議会等に参加している有識者を調べてみて，その有識者の専門分野，審議会等の議事録，審議会等の最終答申等を描出したうえで，有識者の理論知が政策過程のなかで如何なる役割を担っているかについて考えてみよう。

② 　公共政策系の大学学部や大学院のカリキュラムを具体的に取り上げて，そのカリキュラムでは如何なる理論知の習得に重点が置かれているか，その理論知が政策決定というミッションに対してどのような意義を有するのか，経験知についてはカリキュラムのなかで如何に扱われているのかについて考えてみよう。

（松田憲忠）

第8章

市民参加と情報

┌─── **この章で学ぶこと** ───────────────────┐

　デモクラシーの中心に位置付けられるのは市民である。それゆえ，市民がもつ現場知は政策形成において最も重要な情報である。市民の現場知の重要性は今日ますます強調され，それは，直接的な市民参加の推進という動きのなかにも現れている。

　そこで，本章はまず，情報の送り手としての市民に焦点を当てて，政治参加を通じて表明される市民の現場知について整理し，投票参加の制度的限界や社会状況の今日的変化のなかで，市民参加のあり方は多様化し，それに伴い，政策過程に入力される市民の声も多様化していることを描出する。

　次に，市民の現場知を補完する情報として理論知に着目し，市民が理論知の受け手となることの意義を析出する。さらに，市民による理論知の活用にはバイアスが伴うことを指摘し，知識活用の観点から市民への情報提供のあり方を探究する。

　最後に，様々な情報が入力される政策過程において，現場知と理論知にくわえて，経験知が担う重要な役割に論究し，政策選択の改善に向けての鍵は，多様な知の融合という視野からの市民参加のあり方の探究であることを強調する。

└────────────────────────────────┘

1　デモクラシーにおける情報と市民

市民をとりまく情報の流れ

　社会問題に対する政策案の作成では，その問題の原因やインパクト等に関する情報が利用される。社会問題に関する情報は今日ますます多様化するとともに，その重要性は一層高まっている。その背景として，たとえば，グローバル化の進展や ICT の革新が挙げられる。グローバル化が進む今日において，ある社会問題の原因となるファクターは世界中に存在し，その社会問題のインパ

クトも世界中に及んでいる。その社会問題の原因やインパクトのどの側面に焦点をあてるかによって，異なる情報が多様に存在することになる。また，ICTの革新は情報発信のコストを大幅に減少させ，情報の送り手の多様化と発信される情報の多様化をもたらしている。社会問題をめぐる因果関係がグローバル化等によって複雑化し，ある政策のインパクトがICTの革新等によって瞬時に現れる今日において，こうした多様に存在する情報は，現状確認と将来予測のための重要な拠り所となる。新型ウイルスのパンデミックへの政策的対応を例に挙げると，ウイルスの感染メカニズムに関する情報や経済活動への影響についての情報が様々な個人や組織から発信される。そうした情報は，パンデミックに対処するための政策案を作成するにあたって，政策選択の根拠としての重要な機能を果たすとともに，多様な情報が積極的に活用されることが要求される。

　他方で，社会問題に対する政策案が選択されるのは，政治のプロセスにおいてである。政治のプロセスの規範的基盤として，日本等の国々はデモクラシーを採用している。デモクラシーの理念で強調されるのは，主権者である「市民」の声が政策形成において重要視されることである。その意味で，市民から発信される声は政策案作成に不可欠な情報として位置づけられる。そして，この送り手としての役割が，デモクラシーに基づく政策のプロセスにおいて，市民には期待されているといえよう。

　市民は，情報の送り手としてだけでなく，情報の受け手としても捉えることができる。デモクラシーのもとで市民が政府の活動や政策のインパクト等を評価するためには，評価に必要な情報が市民に送られることが求められる。具体的には，政府の活動の内容に関わる専門家からの知見や，活動の決定や実施に携わった議員等からの説明が市民に発信され，市民はそうした情報を活用しながら，政府への支持態度や投票行動を決定する。

　このように，政策過程においては，多様な情報が多様な送り手から流されている。デモクラシーに主体的に参加する市民は，これらの多様な送り手に含まれると同時に，多様な情報の受け手の一人としても位置づけられる。

市民をとりまく情報のダイナミクス

　市民が情報の送り手として，そして受け手として機能する状況に至るためには，発信された情報が受け手に渡り，受け手によってその情報が活用されるといったプロセスが鍵となる。そのプロセスは，多様な受け手と送り手が多様な情報をめぐってインタラクションを繰り広げるという意味で，ダイナミックなプロセスである。

　市民が社会問題や政策に関するニーズや評価等の情報の送り手となるために求められるのは，その社会問題や政策についての情報をもつこと，そして，それゆえに市民は情報の受け手となることにほかならない。しかしながら，市民がこうした社会問題や政策についての情報に自発的に接触し，自らの意見や態度の形成にその情報を積極的に活用するとはかぎらない。市民に情報の受け手としての役割を要求するのであれば，市民は如何なる状況で如何なる情報に触れるのか，市民による情報の活用を促すためには如何にして情報を提供すればよいのか，といった「知識活用（knowledge utilization）」に関わる問いに取り組むことが欠かせない。

　また，デモクラシーを前提とするかぎり，市民から発信されるニーズや評価等の情報が政策過程において着目されることが求められる。その一方で，政策形成に携わる人びとは，市民からの情報だけでなく，他の様々な情報にも触れ，それらを活用する。市民からの情報は政策過程において如何に処理されるのであろうか。市民からの情報が政策過程で影響力を有するためには，それは如何にして発信されるべきであろうか。こうした問いについての考究には，市民だけでなく議員や官僚等の行動への着眼が鍵となるであろう。

　本章は，情報の送り手でもあり受け手でもある市民に焦点をあてて，市民を取り巻く情報のプロセスを多面的に明らかにする。まず，送り手としての市民が，如何なる情報を発信し，如何なる貢献を政策形成に果たし得るのかについて検討する（第2節）。次に，受け手としての市民に着眼して，市民がデモクラシーのもとでの政策過程に積極的に参加するために，如何なる情報が必要となるのかを析出する（第3節）。つづいて，こうした市民への情報が市民に活用さ

れるためには，情報提供は如何に行われるべきかについて論究する（第4節）。
最後に，市民から供給される情報が政策過程において如何に活用されるべきか
という問いに目を向けて，市民参加と政策形成とのつながりを考究するための
一つの論点を，情報という視点から提示する（第5節）。

2　送り手としての市民
——現場知と市民——

市民参加と現場知

　デモクラシーにおいて，市民による政治参加は不可欠である。政治参加を通
じて，市民は自らの声を発する。この市民からの声は，「現場知」として，デ
モクラシーのもとでの政策形成に寄与し得る。

　政策過程に投入される知識は，「理論知」，「経験知」，「現場知」の三つに分
類することができる（秋吉 2015）。理論知とは，政策案の設計等を根拠づける
科学的知識を指し，それは学問的な営みのなかで体系化される。たとえば，新
型ウイルスが人びとの健康に与える影響等に関する科学的研究の成果である。
経験知は，政策実施等の実践を通じて経験的に蓄積された実務的知識である。
ウイルスに感染した人びとを診察する医師や，医療サービスを提供する病院の
経営者等が，そのサービスを実施するなかで獲得する知識は，その例である。
現場知は，同様の例を用いれば，患者や一般の市民が有する知識である。具体
的には，医療サービスを受けるなかで感じた有難さや不便さや，様々に実施さ
れる規制のもとで感じる安心や苦しみである。すなわち，現場知とは，政策の
需要者としての経験から獲得される知識である。

　デモクラシーにおいて市民は，政策の成否を判断する中心的なアクターであ
る。その判断は，政策の現場で政策の影響を受けながら営む社会生活のなかで，
その政策を評価するための知識を獲得するという意味で正当化され，専門的な
理論的知見によっても，政策の実施等の実務的経験によっても，代替され得る
ものではない（阿部 1973）。新型ウイルスの感染による重症化のリスクが理論

的にかなり低く算出されても，医療政策の実施が効率的に進められても，市民が日常の生活のなかでそのウイルスに不安を覚え，それゆえに医療政策に対して低い評価をもつかぎりにおいて，その市民の声はデモクラシーにおいて重視されるべきなのである。また，市民が必ずしも理論知等を有していなくても，特定の社会問題に対する世論調査が定期的に実施され，その調査結果に注目が集まるのは，デモクラシーにおける市民の現場知の重要性の現れであると捉えることができる。

代表制デモクラシーの限界

　デモクラシーにおいては，市民のもつ現場知が，政治参加を通して，政策過程に常に入力されている必要がある。こうした市民参加のかたちとして，今日最も普及しているのが，選挙における投票参加であろう。市民は，自らを最もよく代表し得る政党や候補者に一票を投じることによって，自らの現場知を政策過程に伝えることになる。代表制デモクラシーにおける選挙結果は，こうした市民一人ひとりの現場知が集約された情報の一つとして強調される。

　現場知の集約として投票参加が機能するためには，社会に存在する多様な声が表明される機会が保証されなければならない。その意味で，年齢等の特定の条件を満たせば選挙権が与えられる普通選挙制は，代表制デモクラシーの根幹を成す制度といえる。しかしながら，参加する権利が与えられさえすれば，すべての市民が実際に参加できるとはかぎらない。ここで着目すべきは，市民のあいだの投票参加のコストの違いである（井堀・土居 1998）。投票参加のコストが相対的に低い市民のほうが高い市民よりも投票に参加しやすく，結果として，前者の市民の声がより強く反映され，実際の市民の選好分布から乖離した選挙結果に至る。この偏った意見の集約という状況を避けるために，期日前投票のようなコストの偏在を緩和する制度が設計される必要がある。

　とはいえ，こうした制度を通じて投票参加のコストの違いを解消することができたとしても，投票参加を通じた市民の現場知の反映には限界が存在する（松田 2017）。第一に，死票の存在である（鵜飼 2015）。市民の声は，選挙結果

として二つのかたちで現れる。それは，選挙における候補者・政党ごとの得票率と，最終的な候補者の当落結果や政党ごとの議席占有率である。得票率から導出される意見の分布と議席占有率に基づく多数派の形成とがしばしば一致しないように，これら二つの結果には乖離が生じることが一般的である。この乖離の背景には死票の存在がある。死票を完全にゼロとする制度設計はほぼ不可能とされるなかで，現実の代表制デモクラシーにおいて多数派の意見が民意と見なされるかぎり，少数派の声の反映は極めて難しくなる。

　第二に，選挙における政策の「パッケージ」の選択である（杉田 2001；松田 2009）。市民が自らの投票行動を候補者や政党の政策スタンスに基づいて決定するにあたって，多くの場合，様々な争点についての各候補者や各政党の主張に目を向けて総合的に評価しようとするであろう。こうした評価プロセスからは，特定の候補者や政党に投票した人びとが，その候補者や政党が掲げたすべての公約を支持しているとはかぎらないということが導出される。また，選挙の時点では想定されていなかったような新たな社会問題が，選挙後に浮上することは少なくない。このとき，ある議員や政党がその問題に対して示す姿勢が，その議員や政党に直近の選挙で投票した人びとのそれと一致するともかぎらない。これらの市民と候補者・議員や政党との関係から引き出されることは，民意を多数派の意見として捉えたとしても，その多数派の声が政策過程において常に反映される状況さえも，必ずしも前提とすることはできないということである。

　ここで強調されるべきは，代表制デモクラシーには，「選挙結果に還元できない民意の残余」（鵜飼 2015：223）が避けられないという点である。とりわけ政策対立が激しいとされる今日においては，この民意の残余の問題は一層深刻なものとなる。市民の現場知を政策過程における本質的な情報と位置づけるのであれば，こうした代表制デモクラシーの限界を考慮に入れて，市民による現場知の発信を促す必要がある。

代表制デモクラシーの補完

投票参加を通じて発信され得ない声が不可避的に存在することを踏まえると，それらの声が表明される機会についての検討が不可欠となる。代表制デモクラシーの限界から示唆されるのは，少数意見を含めた多様な意見の反映と，個々の社会問題等についての具体的な意見の表明を可能にする仕組みを整えることにほかならない。

まず，とりわけ自治体レベルで推進されている「市民参加」，すなわち市政への直接参加が挙げられる。具体的には，市民公募委員としての審議会等への参加，住民投票への参加，パブリック・コメントでの意見の表明等である。また，NPO 等の活動への自治体による支援や，NPO 等と自治体との協働による事業の展開等を通じて，多様な市民の声の表明と反映を目指す自治体もある[1]。さらに，地方自治法では，条例の制定・改廃，事務の監査，議会の解散，議員や首長の解職，主要公務員の解職等を請求する直接請求が定められ，市民には投票参加とは異なるかたちの政治参加の権利が認められている。

これらの市民からの情報入力の手法は，特定の社会問題等に対する「意見」を選択・表明することを可能にするという点で，「人」を選ぶ投票参加を通じてでは見出しがたい市民の声が顕在化することを促す。しかしながら，これらの手法では，法的に規定されていたり自治体主導によって進められたりするために，投票参加の場合と同様に，社会のなかにはこれらの手法によっても自らの意見を伝えられない人びとが少なからず存在することになる。

こうした声を反映するための手段として今日活発に採用されているのが，「カウンター・デモクラシー（counter-democracy）」である。カウンター・デモクラシーとは，抗議運動やデモに代表される市民運動である（ロザンヴァロン 2008 = 2017）。カウンター・デモクラシー的な動きとして，日本では，東日本大震災直後の原発稼働停止やその後の再稼働，特定秘密保護法案や集団的自衛権に関わる安全保障関連法案といった争点をめぐって展開されたものが挙げられる（浅井 2017）。こうした動きは，議会における政策の決定やそのプロセスへの不満が表出されたものであり（松田 2017），いわば代表制デモクラシーの限

界に起因する「不信（distrust）」によって動かされたデモクラシーと捉えることができる（ロザンヴァロン 2008＝2017）。とはいえ，こうしたカウンター・デモクラシーは，代表制デモクラシーと対立するものではなく，むしろ不信の表明を通じて，政府や議会に対する監視を行うことによって，代表制デモクラシーを補完する役割を担っている。

　政策過程において市民の現場知はこうした多様な手段を通じて発信される一方で，如何なる市民の声が表明されやすいかは，情報入力の手段，すなわち市民参加の手法によって異なり得る。その意味で，市民からの情報に目を向けるにあたっては，市民参加の多様性と市民の現場知の多様性を踏まえることが欠かせない。

3　受け手としての市民
——理論知と市民——

市民参加と理論知

　現場知の把握の手段として，具体的な社会問題に関する市民の意見を聞く世論調査等がしばしば行われている。ここで前提とされるのは，その社会問題について市民は十分に理解しているということである。さもないと，表明された市民の声をどのように解釈すべきかをめぐって，混乱が生まれてしまう。しかしながら，この前提に疑問を呈する実証分析が少なからず見受けられる。税制を例に挙げると，累進課税をめぐる市民の混乱や（Roberts, Hite and Bradley 1994），税負担の帰着についての市民の理解不足（Obler 1979）が指摘されている。こうした市民の理解不足のなかで発信される情報は，政策過程においてその有用性を大きく損なわせてしまいかねない（Matsuda 2007）。

　ここで示唆されるのは，市民が社会問題等についての最低限の知識（理論知）を習得する必要性であろう。理論知との繋がりが皆無の現場知は，しばしば社会問題等についての政策議論にネガティブな影響を及ぼす（内田・内山・河中・武者小路編 1975）。外交や安全保障のような日常生活の範疇を大幅に超えるよ

うな問題に対しては，善悪や正邪の安易な価値判断に陥る一方で，税制や福祉のような日常生活に密接に関わる問題では，個人的な利害を過度に重視した価値判断が行われるおそれがある。換言すれば，理論知を踏まえることによって，市民は，政治参加を通じて表明する自らの意見に理論的論拠を与えることができるのである。

　理論知は，市民の日常の生活のなかで蓄積されるものではない。むしろ，日常生活のみでは獲得しがたい知識である。その意味で，理論知が市民に向けて発信されることが期待される。すなわち，理論知の受け手として市民を位置づけることが必要となる。では，政治参加を行う市民に対して，如何なる理論知が提供されるべきであろうか。

市民参加のための「in の知識」

　市民への情報として期待される第一の理論知は，政策の具体的なコンテンツに関わる知識である。たとえば，新型ウイルスへの対策や少子高齢化への対応等のコンテンツについての知識である。こうした知識は，政策過程のなかに入力される情報であることから，「in の知識」と呼ばれる（秋吉・北山・伊藤 2020）。

　in の知識は主に政策分析を通じて供給され，その理解には高度な専門性が必要とされる。したがって，必ずしも専門性を有しない市民に，in の知識の具体的な内容の理解を要求するのは現実的ではない。むしろ求められるのは，in の知識ないし政策分析の特性への理解であろう（Matsuda 2019）。

　政策分析によって提供される知識は，「具体的でない知識（nonpositive knowledge）」としての特徴をもつ（Zaltman 1979）。具体的な知識とは，現行の政策の問題点等を明確に指摘すると同時に，それに代わる政策案の提言を具体的に示し得る知識である。その一方で，具体的でない知識は，明確な代替案を提示することができない知識を指す。

　政策分析が具体的でない知識に繋がるのは，分析が前提とする想定や基準の多様性に起因する（松田 2016, 2018）。まず実証的な政策分析では，演繹的に導

出された仮説が必要となる。この仮説は，様々なアクターの行動様式やアクターを取り巻く環境やルール等についての想定を前提とする。これらの想定は，今日の社会の高度な複雑性や不確実性を踏まえると（國領 2006），多様に設定することができる。なぜなら，複雑性や不確実性をどのように解釈し，その解釈からどのような仮説を構築するかは，分析者の主観的判断ないし世界観に委ねられるためである。分析者の判断が異なれば，異なる仮説が設定され，異なる分析結果が導かれることになる。

　政策分析を通じた政策評価や政策提言についても，同様の多様性が見出され得る。政策評価や政策提言といった規範的考察は，「ある政策案は他の政策案より望ましいと主張するための前提」（Munger 2000：8）に基づいて行われる。換言すれば，トレードオフの関係にある様々な社会的価値に対して如何なる優先順位を設定するかという価値観に関わる前提である。個々の政策評価や政策提言は特定の規範的な前提に依拠することになる一方で，価値観の多様性が受容される今日の社会においては，異なる前提を支持するさまざまな立場が存在し，それらの立場からは対立する異なる主張が展開されることになろう。

　このように，政策分析が産出する知識が一般的に具体的なものとはならないのは，政策分析の前提となり得る世界観や価値観が多様に存在し，個々の政策分析は，そのなかから特定の前提を選択して進められるからである。立脚する前提が異なれば，導出される結論も異なる。したがって，政策分析全体を通して，客観的な唯一の答えが提示されることはなく，むしろその内容は極めて雑多なものに映るのである。

　政治参加を通じて現場知を入力する市民には，社会問題等に関する専門的な知識よりも，こうした in の知識の特性を理解することが重要であろう。政策分析には前提の選択という主観的な要素が不可避的に含まれ，そのことは社会問題に対する多様な意見の提案につながる。この多様な意見はいずれも理論的論拠から正当化され得ること，そして自らの意見は多様な理論的根拠の一部によって支持され得るものにすぎないことを市民一人ひとりが認識することが求められる。in の知識に対する市民のこうした理解は，特定の意見を押し付け

るような政策過程を回避することにつながり得るのである。

市民参加のための「of の知識」

　市民に提供されるべき第二の理論知は，政策過程についての知識であり，「of の知識」と呼ばれる（秋吉・北山・伊藤 2020）。これは，政策の決め方についての政策——「メタポリシー」——に関わる知識である（ドロア 1971＝1975）。

　of の知識の獲得を通じて，市民には，政策のアウトプットだけでなく，プロセスにも目を向けることが期待される。たとえば，2015年9月に成立した安全保障関連法をめぐる政策過程では，集団的自衛権に関わる決定内容だけでなく，決定のプロセスに対する強い批判も見受けられた（松田 2018）。すなわち，拙速な審議プロセスと不十分な意見の反映に対する抗議であった。こうした批判や抗議は，of の知識と結びつくことによって，現状の政策過程のどこに問題があり，どうすればその問題は除去され得るのか等をめぐって，より建設的な議論が展開されることが期待されるのである。その意味で，of の知識もまた，市民に向けて提供されるべき情報として捉えることができる。

　しかしながら，of の知識への理解を深めることは，in の知識と同様に，市民にとっては必ずしも容易ではない。of の知識は，政策過程に登場するアクターの行動様式やその行動を制約する制度等についての実証的・規範的な理論知であり，多岐にわたる研究成果によって支えられている。こうした広範な専門知識の習得を一般の市民に要求するのは，現実的ではない。

　市民に求められるのは，of の知識もまた，具体的でない知識であることを認識することである。デモクラシーのもとでは，社会のなかの多様な意見が代表されることが要求される。その一方で，多様な意見の完全な全体像を抽出する投票ルールは，数理的に明らかにされているように，未だ考案されていない（Shepsle and Bonchek 1997；Brams 2008；Simeone and Pukelsheim 2010）。また，投票とは異なる社会的意思決定のかたちとして，「熟議（deliberation）」が注目されているが（Richardson 1997；田村 2008），熟議の実践をめぐっては様々な困難性が指摘されている。たとえば，根本的な問題の一つとして，熟議を通じて

── コラム⑧　スポーツ用品の良し悪しを判断するための知識は？──

　スポーツ選手は，競技のなかで最高のパフォーマンスを実現するために，フィジカルのトレーニングを繰り返し行うことにくわえて，シューズ，ウェアといったスポーツ用品についても，最適なものを常に探求している。スポーツ用品のメーカーは，こうした選手のニーズに応えようと，選手の身体的特徴や競技中の身体の動き等に関わる最新の知識や技術（理論知）を活用しながら，最高の用品の製作に尽力する。

　では，完成したスポーツ用品は，最終的にどのように評価されるのか。ここで重要となるのは，その用品がどれほどの優れた最新の知識や技術を駆使して開発されたものであっても，それを使用して競技を行う個々の選手にとって快適なものでなければならないということである。選手から「しっくりこない」という声が出るのであれば，その用品の評価は最高のものではないということになる。この「快適」とか「しっくり」とかいった判断こそが，個々の選手が競技生活の経験のなかで培った現場知に基づく評価なのである。「しっくりこない」と評価された用品については，改良に向けて，理論知の観点からの評価理由等の検討が求められる。

　他方で，個々の選手も，最低限の理論知について理解していることが欠かせない。例えば，空気抵抗がパフォーマンスに大きな影響を及ぼす競技では，ウェアは相当にタイトなものとなる。このウェアの快適さには，自宅等で着用するルームウェアのような寛ぎは考慮されない。その意味で，個々の選手には，競技でのパフォーマンスを左右する諸要因の存在や，それらの要因のネガティブな影響の軽減に必要なスポーツ用品の特性等について，最低限の理論知を習得しておくことが期待される。

　デモクラシーのもとでの政策の設計や改善にも，理論知と現場知についての同様のロジックを見出すことができよう。社会の現状について，経済指標や民主化指標といった学術的な観点から改善傾向が確認できたとしても，その社会で生活している人びとから苦しみを訴える声が聞こえてくるのであれば，その声は決して軽視できない現場知であり，政策のあり方を検討するための重要な情報である。その一方で，一人ひとりの市民に求められるのは，社会のメカニズムや規範的価値の対立等に関わる理論知について，多少なりとも触れてきていることである。具体的には，自己中心的な短期的快楽を追求することは，自身を含めた社会全体に対してネガティブな影響を及ぼしかねないとか，自身が実現すべきと信じている社会の姿は必ずしも他の人びとにとっては望ましいものではないとかといった知識である。このように，デモクラシーのもとでの政策の評価も，競技スポーツにおけるスポーツ用品のそれと同様に，市民が日々の生活のなかで覚える感情や感覚といった現場知と，社会状況を科学的・学術的に分析する理論知とが結び付いてこそ，可能となるのである。

向上する代表性は，社会問題への迅速な対応という効率性とトレードオフの関係となることは免れ得ない（Shepsle 1988）。ここに含意されるのは，如何なる社会的意思決定のプロセスも代表性もしくは効率性の少なくともいずれか一方の観点から批判されるということである。

　こうした民意の集約の限界を踏まえたうえで，合意形成に到達するための積極的な姿勢を，市民が of の知識から習得することが重要となろう（Matsuda 2019）。民意の集約にあたっては，その手段が投票であれ熟議であれ，限界が不可避的に存在するなかで，現実の政策過程では何かしらの社会的意思決定が行われなければならない。そして，その決定は，デモクラシーを前提とするかぎり，合意形成に基づくことが望ましい（足立 1984；松田・三田編 2019）。こうした民主的な社会的意思決定の必要性と困難性を踏まえたうえで，市民には，投票ルールや熟議のあり方に関わるメタポリシーの改善に向けた of の知識の今日的展開（坂井 2016；田村 2017）に触れることが求められる。政治参加を通じて顕在化する政策対立を如何に克服するかという問題に市民自身が取り組むにあたり，of の知識は極めて有用なのである。

4　市民への情報の提供

情報をめぐる需要とコスト

　市民から発信される現場知も，市民に提供されるべき理論知も，デモクラシーのもとでの政策形成に貢献し得る重要な情報である。しかしながら，これらの情報は，政策過程において活用されなければ，その貢献を果たし得ない。では，如何にすれば，市民からの情報が，政策形成に直接的に携わるアクターによって活用されるのであろうか。市民が自らに提供される情報を活用するために，何が求められるのであろうか。本節では後者の問いについて考究する。

　in の知識や of の知識といった理論知が市民の政治参加を支える情報であるとはいえ，市民が，自らの日常の生活のなかで，自然とそうした情報を入手し活用することは容易ではない。日々様々な情報が流れているなかで，市民はそ

のごく一部の情報に接触するにとどまる。この「一部の情報」のなかに理論知が含まれるための諸条件の解明に向けて寄与するのが，「知識活用」の研究である（Dunn and Holzner 1988）。

知識活用研究において強調される視点の一つに，「ユーザー指向（user orientation）」がある（Zaltman 1979；Matsuda 2007）。ユーザー指向は，知識の生産・供給にあたって，その知識のユーザーについての深い理解を要求する。個々のユーザーは，自らを取り巻く環境等のなかで，自らの利益に資する知識に対してニーズをもつ。その一方で，その知識を活用するには，入手や解釈といったコストをユーザーは負担する。したがって，ユーザーは，少ないコストで，自らに有益な知識を獲得しようとする。知識の産出・提供にあたっては，こうしたユーザーの環境，能力，ニーズ等を踏まえることによって，その知識がユーザーに活用されやすくなるのである。

本節でユーザーと位置づけられるのは，一般の市民である。一般の市民が理論知を活用するためには，情報（理論知）は如何に提供されるべきであろうか。この問いについて，以下で探究する。

イシュー・セイリアンスと情報提供

知識活用への示唆に富む概念として政治学等で言及されるものに，「イシュー・セイリアンス（issue salience）」がある。これは，争点の社会的な重要度を意味する。イシュー・セイリアンスが高いとき，その争点に多くの社会的な関心が向けられる（松田 2006；京 2016）。

セイリアンスが高い争点をめぐっては，多くの市民がその争点に関する情報，すなわち in の知識を収集しようとするであろう。in の知識へのニーズの高まりの例として，2020年以降の新型コロナウイルス感染症をめぐる社会状況が挙げられる。セイリアンスが高くなる以前はウイルス等の公衆衛生に関わる知識はさほどの社会的関心を集めていなかった一方で，新型コロナウイルス感染症のパンデミックという人類がこれまでに経験したことのない危機に直面したことで，多くの市民がそのウイルスについての情報を集めようとし，その情報を

解釈して自らの行動を決めようとしてきた。また，そうした情報の解釈に基づいて，政府の対応等について評価してきた。

　イシュー・セイリアンスが高いときには，of の知識への需要も高まり得る。たとえば，前述の集団的自衛権をめぐっては，そのセイリアンスが高まるにつれて，デモ等の運動が活発に展開され，そこでは法案審議に関わる国会運営等の問題点にも注目が集まっていった。こうした社会運動を展開するにあたっては，審議プロセスに問題ないとする立場も，それを問題視してデモ等を行う立場も，自らを正当化するための of の知識は有用な情報であったであろう。とりわけ，デモ等の社会運動をデモクラシーのなかに組み入れる「カウンター・デモクラシー」という学術的な概念は社会的関心を集め，メディアでも取り上げられた[2]（松田 2018）。社会的な争点をめぐる of の知識への関心の高まりは，深刻な対立を克服し得る政策過程のあり方を社会全体で探究することにつながり得るものであったといえよう。

　これらの事例から示唆されることは，セイリアンスが上昇している争点については，理論知に関わる情報に対する市民のニーズが高まり，それを活用する可能性が大きくなるということである。あわせて，それらの情報が市民にとって入手し解釈しやすくなるために，メディア等を通じて発信されることや，平易な表現で伝えられることも，市民による理論知の活用に寄与し得る（Matsuda 2007）。すなわち，理論知の収集や解釈に伴うコストが，市民にとって少しでも小さくなるようなかたちで，情報の提供を行うことが求められるのである。したがって，市民への情報提供には，イシュー・セイリアンスの観点から社会状況を捉え，情報提供の手段やタイミング等を見極める必要があるといえよう。

シティズンシップ教育と情報提供

　市民による情報の活用は，市民の関心が高いときに促される。とはいえ，そうした状況での情報活用が，デモクラシーのもとでの政策形成に必然的に寄与するとはかぎらない。市民は如何なる情報を入手し活用するのか，その結果如

何なる政策過程につながるのか，といった点が問われなければならない（松田2018）。

　イシュー・セイリアンスが高いなかでの in の知識の活用に目を向けると，その知識の想定とは異なるかたちで活用されるおそれがある。前述のように，政策分析は特定の前提に立脚して進められる。その一方で，市民の多くはその前提に十分な注意を払うことなく，結論にのみ着目しがちであるといわれる（森 2011）。さらに，認知心理学等で明らかにされているように（Festinger 1957），人びとの情報に対する姿勢には，自らにとって都合の良い情報のみを収集し，自らに都合の良い解釈を行う傾向がある。こうした状況では，市民参加を通じて顕在化した政策対立は，克服に向かうどころか，主張のぶつけ合いに終始し，一層深刻な対立に陥るおそれがある。

　同様のことは，of の知識についても当てはまる。カウンター・デモクラシーや熟議を強調する of の知識は，何かしらの社会的な価値からの批判を免れ得ない。それゆえ，議会運営に問題はないとする立場からは，そうした「ofの知識」には目を向けず，もしくはその知識を批判的に捉えて，自らを正当化する別の of の知識を探そうとするであろう。結果として，対立する立場は，of の知識を戦略的に活用しながら，相手の立場を否定し，自らの主張を強調するといった対立の激化が起こりかねない。

　したがって，セイリアンスの高い争点に着目して，そのタイミングで情報が提供されたとしても，自説を主張するための戦略的な情報活用が促されるだけであり，前節で強調されたような意味での理論知の獲得は容易には期待できない。すなわち，理論知は具体的な知識とはなりにくいこと，また政策分析の結論はその分析の前提に左右され，その前提は多様に存在すること，そして政策の評価や提言も多様に正当化される一方で現実には何かしらの決定が求められ，その決定においては合意形成が目指されるべきであることといった，理論知に対する理解や姿勢の習得は，市民の自発的な情報活用のみでは難しいといえよう。

　ここから示唆されるのは，すべての人びとが理論知に触れ学ぶ場を確保する

ことの重要性であろう。この観点から注目に値するのが，義務教育における「シティズンシップ教育（citizenship education）」である。実証的な分析において確認されているように（山本 2017；秦 2013），義務教育における学習や経験は人びとの政治意識や関心に有意な影響を及ぼすという意味で，義務教育は初期政治的社会化における重要なエージェントである。すなわち，義務教育における「学習の指導」（麻生・堀 1997）が，人びとのその後の自発的な学習（情報収集等）の基盤の形成を促すのである。

　こうした義務教育におけるシティズンシップ教育は，一般的には公民等の分野で扱われる傾向が強い（唐木 2016）。その一方で，理論知に対する姿勢の習得には，たとえば論理的思考の醸成といった点からは国語や数学といった分野，政策分析の理解という点では理科等の分野も重要な貢献を果たし得るという点で，科目横断的な教育が求められる（松田 2017）。また，道徳教育を通じた民主的志向の醸成も期待されよう（Pike 2012；渡邉 2015）。さらに，理論知に基づく実践という意味では，学級活動，生徒会活動（児童会活動），学校行事といった特別活動における集団活動にも大きな意義が見出され得る[(3)]（奥村・長谷川 2018；松田・石川 2020）。

　しかしながら，義務教育等におけるシティズンシップ教育にも，実施上の課題が存在することを認識しておかなければならない。たとえば，科目横断的な教育プログラムの実践において，科目間調整のための膨大な時間や高度なコミュニケーション能力求められる（Harrison 2012）。とりわけ時間の確保という点では，教師の「バーンアウト（burnout）」の深刻化が考慮されなければならない（Galton and MacBeath 2008；高木・北神 2007）。バーンアウトとは，学校教育の過酷な労働環境のなかで「教師が，生徒に教えたり生徒のニーズに応えたりすることに熱い心を傾け続けることが難しいと感じるようになる」ことと定義される（Galton and MacBeath 2008：6）。バーンアウトに苦しむ教師に，シティズンシップ教育に関わるさらなる負担を強いることには慎重になるべきである。さらに，学校でのシティズンシップ教育に対して，社会的な需要がどの程度存在しているのかという問題も挙げられる。生徒の個人的なキャリアが強

調されがちな状況では，シティズンシップ教育への期待が，生徒やその保護者
等から生まれてくることは想像しがたい。したがって，市民参加がデモクラ
シーの改善に寄与するためには，デモクラシーを担う市民に如何なる知識や姿
勢を要求するのか，そしてその知識や姿勢の習得を如何に促すのかといった問
題について，社会全体で取り組むことが欠かせないのである（Matsuda 2019）。

5　市民からの情報の活用

　市民の現場知が，理論知と関連づけられながら，政策過程に入力されること
は，デモクラシーでの情報の流れを構成する不可欠な要素の一つである。しか
しながら，市民から発信された情報が政策過程のなかで反映されないかぎり，
その情報の流れは不十分なものとなる。市民からの情報は，政策過程において
如何に活用されるべきであろうか。本章の最終節では，この問いに論及する。
　政策形成に直接的に携わる議員や官僚等には，本書第7章で詳述しているよ
うに，多様な情報が集まる（Matsuda 2008）。市民からの情報はこうした情報の
一部に過ぎない。企業や諸外国等を含む多様な情報の送り手から多様な声が表
明される一方で，そこでは相互に対立する情報も少なくない。こうした多様な
情報が流れるなかで，議員や官僚等は，情報を集約し，特定の政策を選択する
という厳しい役割を担うことになる。
　この情報の多様性がもたらす政策選択の困難性は，理論知の多様性によって
一層複雑化する。理論知が具体的な知識を提供し得ないなかでは，結果的に，
社会問題等についての如何なる主張にも，それぞれの主張を論理的に支える何
らかの理論知が存在することになる。in の知識によって唯一の最善策が提示
され得ないのと同時に，of の知識から唯一の最善の決定方法が導出され得な
い状況，すなわち，対立する主張がそれぞれに理論的に正当化され得る状況が
生まれる。こうした状況のなかで，多様な社会問題や政策案について優先順位
を付け，何かしらの決定を行うことが，議員や官僚等には要求されるのである。
　では，議員や官僚等は，如何にして特定の政策を選択するのであろうか。そ

こでは，本書第7章でも論究されるように，理論知とは必ずしも直接的にはつながらない議員や官僚のリソースが鍵となろう。前述の表現を用いれば，経験知である。政策形成の実践に基づく経験が，情報の多様性のなかでの選択という困難な決断に寄与し得るのである。

　ここから示唆されることは，政策形成は，現場知，理論知，経験知の三つの知の融合を通じて進められるということである。社会のなかの様々なアクターは，自らの現場知を政策過程に入力するために，自らの立場を正当化し得る理論知を探求する。対立する多様な情報が集まるなかで，議員や官僚等は，経験知を活用しながら，政策の選択を行うのである。

　政策形成における知の融合の重要性を踏まえると，デモクラシーのもとでの政策過程の改善を目指すのであれば，知の融合が如何に行われるべきかという規範的な問いに向き合う必要が出てくる。そこでは，現場知と理論知とのつながりだけでなく，本章では十分に扱えなかった経験知との結びつき（第7章）も考慮に入れることが求められる。とりわけ市民による様々な政治参加が進められ，結果として多様な情報が発信され入力される今日の状況では，市民参加の枠組みのなかに焦点を限定するべきではない。求められるのは，市民参加がデモクラシーの実践の改善に寄与する知の融合のあり方を模索するといった広い視野にほかならないのである。

　注
(1)　たとえば，東京都杉並区では，NPO 等との協働や，NPO 等の活動への支援等が積極的に行われている（杉並区 2022）。
(2)　朝日新聞を例に挙げると，特定秘密保護法，原発再稼働，集団的自衛権といった激しい政策対立を伴う争点について，カウンター・デモクラシーに言及しながら，その政策過程を取り扱っていた（たとえば，2014年1月1日付，2014年3月18日付，2015年4月1日付，2015年6月25日付，2015年9月17日付，2015年9月19日付，2015年9月27日付，2015年9月28日付（すべて朝刊））。
(3)　小学校の特別活動には，これら3つの活動にくわえて，クラブ活動が含まれる。

引用・参考文献

秋吉貴雄（2015）「教育政策における2つの知識の特性——教育政策の公共政策学的分析」『日本教育政策学会年報』22，60-69。

秋吉貴雄・北山俊哉・伊藤修一郎（2020）『公共政策学の基礎』（第3版），有斐閣。

浅井直哉（2017）「日本におけるカウンター・デモクラシーの展開」，岩井奉信・岩崎正洋編『日本政治とカウンター・デモクラシー』勁草書房，187-206。

麻生誠・堀薫夫（1997）『生涯発達と生涯教育』放送大学教育振興会。

足立幸男（1984）『議論の論理——民主主義と議論』有斐閣。

阿部斉（1973）『デモクラシーの論理』中央公論社。

井堀利宏・土居丈朗（1998）『日本政治の経済分析』木鐸社。

鵜飼健史（2015）「民意は代表されるべきか？」山崎望・山本圭編『ポスト代表制の政治学——デモクラシーの危機に抗して』ナカニシヤ出版，211-236。

内田満・内山秀夫・河中二講・武者小路公秀編（1975）『現代政治学の基礎知識』有斐閣。

奥村旅人・長谷川精一（2018）「『特別活動』・『総合的な学習の時間』における社会的資質の育成——生涯学習論的視座からの考察」『京都大学生涯教育フィールド研究』6，53-62。

唐木清志（2016）「中学校社会科における主権者教育の取り上げ方」東京書籍社会編集部編『新教育課程を見据えたアクティブ・ラーニングと主権者教育——教科書を使用した指導例』東京書籍，16-17。

京俊介（2016）「イシュー・セイリアンスと刑事政策——「『ポピュリズム厳罰化』と『民意なき厳罰化』の政治過程」『公共政策研究』16(0)，19-32。

國領二郎（2006）「ネットワークと総合政策学」大江守之・岡部光明・梅垣理郎編『総合政策学——問題発見・解決の方法と実践』慶應義塾大学出版会，95-125。

坂井豊貴（2016）『「決め方」の経済学——「みんなの意見のまとめ方」を科学する』ダイヤモンド社。

杉田敦（2001）『デモクラシーの論じ方——論争の政治』筑摩書房。

杉並区（2022）「地域課協働推進係」（2022年10月12日アクセス，https://www.city.suginami.tokyo.jp/soshiki/1009837/1009953.html）。

高木亮・北神正行（2007）「教師の多忙と多忙感を規定する諸要因の考察Ⅱ——教師の多忙感としてのストレスの問題を中心に」『岡山大学教育学部研究集録』135(1)，137-146。

田村哲樹（2008）『熟議の理由――民主主義の政治理論』勁草書房。

―――（2017）『熟議民主主義の困難――その乗り越え方の政治理論的考察』ナカニシヤ出版。

ドロア，イエヘッケル（1975）『政策科学のデザイン』宮川公男訳，丸善。

秦正樹（2013）「若年層の政治関心に与える政治的社会化の効果――学校と家庭における政治教育に注目して」『六甲台論集　法学政治学篇』60(1)，15-36。

松田憲忠（2006）「イシュー・セイリアンスと政策変化――ゲーム理論的パースペクティブの有用性」『年報政治学』56(2)，105-126.

―――（2009）「今後の日本の政治への視角」岡田浩・松田憲忠編『現代日本の政治――政治過程の理論と実際』ミネルヴァ書房，272-285。

―――（2016）「多様性のなかの政策分析と政策過程――社会選択・論理性・活用性」縣公一郎・藤井浩司編『ダイバーシティ時代の行政学――多様化社会における政策・制度研究』早稲田大学出版部，22-42。

―――（2017）「カウンター・デモクラシーと主権者教育」岩井奉信・岩崎正洋編『日本政治とカウンター・デモクラシー』勁草書房，235-260。

―――（2018）「カウンター・デモクラシーは知識活用を変えるのか――政策対立・政策過程・政策研究」『青山ローフォーラム』6(2)，21-50。

松田憲忠・石川直人（2020）「特別活動とデモクラシーのインターフェイス――社会的意思決定と学級・学校の集団活動」『季刊行政管理研究』(169)，39-50。

松田憲忠・三田妃路佳編（2019）『対立軸でみる公共政策入門』法律文化社。

森博嗣（2011）『科学的とはどういう意味か』幻冬舎。

山本英弘（2017）「政治的社会化研究からみた主権者教育」『山形大学紀要（教育科学）』16(4)，21-40。

ロザンヴァロン，ピエール（2017）『カウンター・デモクラシー――不信の時代の政治』嶋崎正樹訳，岩波書店。

渡邉満（2015）「シティズンシップ教育とこれからの道徳教育――鍵的課題としての討議過程創出という課題」小笠原道雄編『教育哲学の課題「教育の知とは何か」――啓蒙・革新・実践』福村出版，282-298。

Brams, Steven J., (2008), *Mathematics and Democracy: Designing Better Voting and Fair Division Procedures*, Princeton, Princeton University Press.

Dunn, William N. and Holzner, Burkart, (1988), "Knowledge in Society: Anatomy of an Emergent Field," *Knowledge in Society,* 1, 3-26.

Festinger, Leon, (1957), *A Theory of Cognitive Dissonance,* Evanston, Row, Peterson.

Galton, Maurice and MacBeath, John, (2008), *Teachers under Pressure,* London, Sage.

Harrison, Tom, (2012), "Assessing Citizenship Education: Challenges and Opportunities," in James Arthur and Hilary Cremin (eds.), *Debates in Citizenship Education,* London and New York, Routledge, pp. 149-157.

Matsuda, Noritada, (2007), "Citizens' Governability and Policy Analysts' Roles in the Policy Process," *Interdisciplinary Information Sciences,* 13, 117-127.

Matsuda, Noritada, (2008), "Policy Information Market: Policy Analysts' Strategies for Knowledge Utilization," *Interdisciplinary Information Sciences,* 14, 155-165.

Matsuda, Noritada, (2019), "Deliberative Students, Overburdened Teachers, and Academic Policy Analysts: How Can Policy Analysis Contribute to Citizenship Education?" *Aoyama Law Forum,* 8(1), 1-28.

Munger, Michael C., (2000), *Analyzing Policy: Choices, Conflicts, and Practices,* New York, W.W. Norton.

Obler, Jeffrey, (1979), "The Odd Compartmentalization: Public Opinion, Aggregate Data, and Policy Analysis," *Policy Studies Journal,* 7, 524-540.

Pike, Mark A., (2012), "Values, Ethics and Citizenship Education," in James Arthur and Hilary Cremin (eds.), *Debates in Citizenship Education,* London and New York, Routledge, pp. 181-193.

Richardson, Henry S., (1997), "Democratic Institutions," in James Bohan and William Rehg (eds.), *Deliberative Democracy: Essays on Reason and Politics,* Cambridge, The MIT Press, pp. 349-382.

Roberts, Michael L., Hite, Peggy A. and Bradley, Cassie F., (1994), "Understanding Attitudes toward Progressive Taxation," *Public Opinion Quarterly,* 58, 165-190.

Shepsle, Kenneth A., (1988), "Representation and Governance: The Great Legislative Trade-off," *Political Science Quarterly,* 103, 461-484.

Shepsle, Kenneth A. and Bonchek, Mark S., (1997), *Analyzing Politics: Rationality, Behavior, and Institutions,* New York, W.W. Norton.

Simeone, Bruno and Pukelsheim, Friedrich, (2010), *Mathematics and Democracy: Recent Advances in Voting Systems and Collective Choice,* Berlin, Springer.

Zaltman, Gerald, (1979), "Knowledge Utilization as Planned Social Change," *Knowledge: Creation, Diffusion, Utilization,* 1, 82-105.

■　　■　　■

読書案内

ロザンヴァロン，ピエール（2017）『カウンター・デモクラシー——不信の時代の政
　　治』嶋崎正樹訳，岩波書店。
　　代表制デモクラシーを絶対視せず，カウンター・デモクラシーとの相互補完性を強
　調して，デモクラシーを広い視野から捉える研究書。

曽根泰教・柳瀬昇・上木原弘修・島田圭介（2013）『「学ぶ，考える，話しあう」討論
　　型世論調査——議論の新しい仕組み』木楽舎。
　　市民からの情報が表明される世論調査のプロセスで，現場知と理論知との融合を目
　指す討論型世論調査の実践を丁寧に描出した書。

小玉重夫（2003）『シティズンシップの教育思想』白澤社。
　　シティズンシップ教育をめぐっては実践事例に焦点があてられがちであるなかで，
　シティズンシップ教育を哲学の観点から考察した貴重な入門書。

練習問題

①　自治体で採用されている市民参加の仕組み（審議会やパブリックコメント等）を
　　探して，その仕組みでは，如何なる市民の声の表明が期待されているのかについて
　　考えてみよう。あわせて，その仕組みは，市民への情報提供と市民からの情報の活
　　用を如何に進めているのかについても調べてみよう。
②　様々な機関が政治や政策等についての世論調査を実施しているが，市民からの声
　　の重要性と市民の専門性の限界を踏まえると，そうした世論調査の結果は如何に解
　　釈されるべきかについて，具体的な調査結果を取り上げて，考察してみよう。

（松田憲忠）

索　引

(＊は人名)

あ 行

アイディア　138
　　——の政治　139
　　政策——　139, 140, 142
＊赤井伸郎　29
　アカウンタビリティ（説明責任）　28, 29, 45,
　　168
＊安倍晋三　77
＊イーストン，デヴィッド　16
　意見公募手続（パブリック・コメント制度）　24,
　　35, 64, 185
　イシュー・セイリアンス　192, 193
　一般データ保護規則　109
　一般統計　59, 60
＊猪口孝　4
　因果的信念　140, 141, 146, 151
　インクリメンタリズム　170
　インターネット　99
＊ウィーナー，ノーバート　4
＊ウェーバー，マックス　17, 28, 41
＊宇賀克也　44
　エストニア　91
　オープンガバメント　103
　　——・パートナーシップ　104
　オープンソース　94, 95
　オープンデータ　75, 93, 100
　　——基本指針　102
＊大向一輝　97
　オーラル・ヒストリー　63
　オルタナティブデータ　33, 34

か 行

　カウンター・デモクラシー　185, 186, 193, 197
＊鏡圭佑　28
　学問的知見　158
＊上村進　70
　官民データ活用　75

官僚制　41
基幹統計　59, 60
基礎情報　7
行政機関情報公開法　9
行政情報化推進基本計画　70, 73
行政文書管理規則　44
クリエイティブ・コモンズ　96
経験知　182, 197
経済財政諮問会議　58, 80, 166, 167
言説（discourse）　149
建設工事受注動態統計　62
現場知　182
公共財　132
行動公共政策　33
高度情報通信ネットワーク社会形成基本法
　　74, 76
高度情報通信ネットワーク社会推進戦略本部
　　81
公文書管理条例　51
公文書等の管理に関する法律　43
広報情報　6
国勢調査　59, 60
国民経済計算　60
国立公文書館　48, 49, 64

さ 行

サイバネティクス　5
＊サイモン，ハーバート・A　18
＊櫻井敬子　100
＊佐藤正広　63
市場の失敗　156
シティズンシップ教育　195, 196
シビックテック　107, 108
市民参加　185
社会指標の悪化　125
熟議　189
証拠に基づく政策立案　63（→「EBPM（エビ
　　デンスに基づいた政策形成）」も参照）

203

情報公開条例　28
情報資源管理　6
情報集結性　17
情報自由法　101
情報提供　29
情報統括責任者（CIO）　82
情報の歪曲　25
司令塔　62, 80, 81, 83
新型インフルエンザ等対策特別措置法　53
新型コロナウイルス　50, 52, 75, 76, 106, 158,
　167, 192
人工知能（AI）　107
＊菅義偉　77
政策科学　162
政策起業家　144, 146, 166
政策情報　6
政策トレンド　142, 143
政策評価　188
政治システム　16
制度（institutions）　147, 148
政府 CIO　83
＊セイラー，リチャード　30
世界最先端 IT 国家創造宣言　74
接触確認アプリ　108, 109
＊瀬畑源　4
選挙　183, 184
専門情報　7
争点情報　7
ソーシャル・マーケティング　165

た　行

対抗偏向　26
多機関連携　27
知識活用　163, 164, 181, 192
『地方消滅』　126
「直接型 - 権力的」な情報収集　22
「直接型 - 非権力的」な情報収集　23
＊土屋太洋　101
「提供型 - 権力的」な情報収集　23
「提供型 - 非権力的」な情報収集　24
データ・レジストリ　78
デジタル・ガバメント　71, 76
デジタル・トランスフォーメーション（DX）

72
デジタル監　86
デジタル原則　79
デジタル社会　79
　──形成基本法　76, 77, 85
　──の実現に向けた重点計画　78
デジタル庁　83
　──設置法　85
鉄の三角同盟　138, 139
電子行政　71
　──オープンデータ戦略　102
電子政府　70, 72
道義的信念　142, 151
統計委員会　61, 62, 64, 80, 125
　中央──　57
統計エビデンス（statistical evidence）　122,
　126
統計機構　54
　集中型──　54
　分散型──　55
統計法　58
動態性　131

な　行

内閣官房デジタル田園都市国家構想実現会議
　85
ナッジ　30, 31, 133
＊西尾勝　18
認識共同体　146, 147

は　行

＊バーマン，シェリー　143
＊パットン，マイケル・クイン　33
＊原田久　50
不確実性　160, 161, 169
福井県鯖江市　105, 106
＊福田峰之　75
ブタペスト・オープンアクセス・イニシアティ
　ブ　97
フレーミング　127
文書業務削減法　20
文書主義　42
ベース・レジストリ　78, 85

ベンダーロックイン　84, 86

ま　行

マイナンバー制度　78, 85
毎日勤労統計　62
＊前田健太郎　48
＊松下圭一　6, 15
＊マヨーネ，ジャンドメニコ　8
メタレベルの知識　173
問題構造化　128

や　行

＊山川雄巳　3
郵政民営化　144, 145

ら　行

＊ラスウェル，ハロルド・D　162
ランダム化比較試験　122

理論知　182, 186, 187
稟議制　24
歴史的緊急事態　52
＊レッシグ，ローレンス　96
ロジックツリー　128, 130

英　字

AI（人工知能）　32
EBPM（エビデンスに基づいた政策形成）　122,
　　134
Google　106, 107, 108
　　——Scholar　98
in の知識　46, 47, 159, 187
J-STAGE　98
KJ 法　129, 130
of の知識　46, 47, 63, 159, 189
Wikipedia　107

《監修者紹介》

佐野　亘（さの・わたる）

 1971年 名古屋市生まれ。
 1998年 京都大学大学院人間・環境学研究科博士後期課程単位取得満期退学。
 1999年 博士（人間・環境学，京都大学）。
 現　在 京都大学大学院人間・環境学研究科教授。
 主　著 『公共政策規範（BASIC 公共政策学）』ミネルヴァ書房，2010年。
    『公共政策学』（共著）ミネルヴァ書房，2018年。

山谷清志（やまや・きよし）

 1954年 青森市生まれ。
 1988年 中央大学大学院法学研究科博士後期課程単位取得退学。
 2000年 博士（政治学，中央大学）。
 現　在 同志社大学政策学部，同大学大学院総合政策科学研究科教授。
 主　著 『政策評価（BASIC 公共政策学）』ミネルヴァ書房，2012年。
    『公共部門の評価と管理』（編著），晃洋書房，2010年。

《執筆者紹介》

岡本哲和（おかもと・てつかず）　**はしがき，序章，第1章，第2章，第3章**

　　編著者紹介欄参照。

上田昌史（うえだ・まさし）　**第4章**

　　1975年　奈良県生まれ。
　　2003年　京都大学大学院情報学研究科博士後期課程指導認定退学。
　　現　在　一般財団法人マルチメディア振興センター・シニア・リサーチャー。
　　主　著　Information Technology Policy and the Digital Divide（共著）Edwards Elgar, 2005.
　　　　　　大橋弘・泉克幸・田中辰雄・上田昌史・山田弘・田邊貴紀・塩友樹・山崎和久・柳田千
　　　　　　春「電子書籍市場の動向について」CPRC 共同研究報告書 CR 13(01) 156, 2013年。
　　　　　　「行動科学から見た情報セキュリティとプライバシーに関する研究について」『電子情報
　　　　　　通信学会誌』96, 2013年。

秋吉貴雄（あきよし・たかお）　**第5章，第6章**

　　1971年　大分県生まれ。
　　2000年　一橋大学大学院商学研究科博士後期課程単位取得退学。博士（商学）。
　　現　在　中央大学法学部教授。
　　主　著　『公共政策の変容と政策科学──日米航空輸送産業における2つの規制改革』有斐閣,
　　　　　　2007年。
　　　　　　『入門 公共政策学──社会問題を解決する「新しい知」』中央公論新社, 2017年。
　　　　　　『公共政策学の基礎 第三版』（共著）有斐閣, 2020年。

松田憲忠（まつだ・のりただ）　**第7章，第8章**

　　1971年　東京都生まれ。
　　2005年　早稲田大学大学院政治学研究科博士後期課程単位取得退学。博士（政治学）。
　　現　在　青山学院大学法学部教授。
　　主　著　『社会科学のための計量分析入門──データから政策を考える』（共編著）ミネルヴァ書
　　　　　　房, 2012年。
　　　　　　『政策研究を越える新地平──政策情報学の試み』（共著）福村出版, 2015年。
　　　　　　『対立軸でみる公共政策入門』（共編著）法律文化社, 2019年。

《編著者紹介》

岡本哲和（おかもと・てつかず）

1960年　大阪生まれ。
1989年　関西大学大学院法学研究科公法学専攻博士後期課程単位取得後退学。博士（法学）。
現　在　関西大学政策創造学部教授。
主　著　『アメリカ連邦政府における情報資源管理政策——その様態と変容』関西大学出版部，2003年。
　　　　『日本のネット選挙——黎明期から18歳選挙権時代まで』法律文化社，2017年（2018年日本公共政策学会作品賞受賞）。
　　　　「日本における候補者のインターネット利用　2000-2019」『関西大学法学論集』71（3），2022年。

これからの公共政策学⑥
政策と情報

2022年11月30日　初版第1刷発行　　　　　　　　〈検印省略〉

定価はカバーに
表示しています

監　修　者　　佐　野　亘
　　　　　　　山　谷　清　志
編　著　者　　岡　本　哲　和
発　行　者　　杉　田　啓　三
印　刷　者　　坂　本　喜　杏

発行所　株式会社　ミネルヴァ書房
607-8494　京都市山科区日ノ岡堤谷町1
電話代表　075-581-5191
振替口座　01020-0-8076

© 岡本ほか，2022　　冨山房インターナショナル・新生製本

ISBN 978-4-623-08689-4

Printed in Japan

これからの公共政策学

体裁　Ａ５判・上製カバー（＊は既刊）

監修　佐野　亘・山谷清志

＊① 政策と規範　　佐野　亘・松元雅和・大澤　津著

＊② 政策と行政　　山谷清志編著

　③ 政策と市民　　土山希美枝・深尾昌峰編著

＊④ 政策と地域　　焦　従勉・藤井誠一郎編著

　⑤ 政策と政治　　石橋章市朗・青木一益・宮脇　昇・清水習著

＊⑥ 政策と情報　　岡本哲和編著

　⑦ 政策人材の育成　　足立幸男・窪田好男編著

──── ミネルヴァ書房 ────
https://www.minervashobo.co.jp/